H. Leipold

Islam, institutioneller Wandel und wirtschaftliche Entwicklung

Studien zur Ordnungsökonomik

Herausgegeben von
Prof. Dr. Alfred Schüller

*Marburger Gesellschaft für
Ordnungsfragen der Wirtschaft e.V.*

in Verbindung mit der

*Forschungsstelle zum Vergleich
wirtschaftlicher Lenkungssysteme
der Philipps-Universität Marburg*

Nr. 27: Islam, institutioneller Wandel und wirtschaftliche Entwicklung

 Lucius & Lucius · Stuttgart · 2001

Islam, institutioneller Wandel und wirtschaftliche Entwicklung

Von

Helmut Leipold

 Lucius & Lucius · Stuttgart · 2001

Anschrift des Autors:

Prof. Dr. Helmut Leipold
Philipps-Universität Marburg
Fachbereich Wirtschaftswissenschaften
Barfüßertor 2
D-35032 Marburg

Die Deutsche Bibliothek - CIP-Einheitsaufnahme

Ein Titeldatensatz für diese Publikation ist bei Der
Deutschen Bibliothek erhältlich

(Studien zur Ordnungsökonomik; 27)

ISBN 3-8282-0206-3

© Lucius & Lucius Verlags-GmbH • Stuttgart • 2001
Gerokstraße 51 • D-70184 Stuttgart

Das Werk einschließlich aller seiner Teile ist urheberrechtlich geschützt. Jede Verwertung außerhalb der engen Grenzen des Urheberrechtsgesetzes ist ohne Zustimmung des Verlages unzulässig und strafbar. Das gilt insbesondere für Vervielfältigungen, Übersetzungen, Mikroverfilmung und die Einspeicherung und Verarbeitung in elektronischen Systemen.

Druck und Einband: ROSCH-BUCH Druckerei GmbH, 96110 Scheßlitz
Printed in Germany

ISBN 3-8282-0206-3

Inhalt

1. Einige begriffliche und theoretische Vorklärungen 1

2. Thesen zu den Eigenarten des Institutionengefüges islamischer Länder 4

3. Die Frühgeschichte des Islam 6

4. Expansion und Niedergang des Islams im Überblick 12

5. Der entwicklungsbestimmende Sieg des Glaubens über die Vernunft 16

6. Entwicklung und Eigenarten des islamischen Rechts 19

7. Folgen für den institutionellen Wandel 25

8. Folgen für die wirtschaftliche Entwicklung 32

Literatur 40

Anhang: Ausgewählte Indikatoren für islamische Länder 44

1. Einige begriffliche und theoretische Vorklärungen

Diese Studie ist Teil eines breiter angelegten Forschungsprogramms, das auf die Erforschung und den Vergleich kulturspezifischer Zusammenhänge zwischen der gesellschaftlichen Regelteilung und der wirtschaftlichen Arbeitsteilung gerichtet ist. Die Ziele, Methodik und Untersuchungsobjekte des Programms sollen hier nur insoweit kurz vorangestellt werden, als es für das bessere Verständnis der in dieser Studie behandelten Themenstellung angebracht ist (vgl. auch *Leipold* 2002).

Unter Ökonomen herrscht seit *Adam Smith* Konsens darüber, daß die wirtschaftliche Arbeitsteilung und die Spezialisierung universale Grundlagen der wirtschaftlichen Entwicklung sind. Nach dem bekannten Diktum von *Adam Smith* (1984, S. 4) entsteht die marktwirtschaftliche Arbeitsteilung zwangsläufig, wenn auch langsam und schrittweise aus der natürlichen Neigung der Menschen zum Tauschhandeln. Die im Wege der Spezialisierung und des Tausches erzielbaren Produktivitäts- und Tauschgewinne sollten für vernunftbegabte Individuen stets und überall eigentlich ein wirksamer Antrieb gewesen sein, die arbeitsteiligen Produktions- und Tauschprozesse zügig zu organisieren und auszubauen. Entgegen dieser plausiblen Vermutung entwickelte sich jedoch die marktwirtschaftliche Arbeitsteilung nicht zwangsläufig, sondern außerordentlich zählebig und zudem kulturell höchst unterschiedlich, was in den damit einhergehenden wirtschaftlichen Wohlstandsunterschieden zwischen Regionen, Ländern oder Kulturkreisen seinen Ausdruck fand und findet.

In dem hier präsentierten Erklärungsansatz wird die maßgebliche Ursache für die zeit- und raumspezifisch unterschiedliche wirtschaftliche Entwicklung in der unterschiedlichen Entwicklung der gesellschaftlichen Regelteilung vermutet. Seit den Ursprüngen des menschlichen Zusammenlebens war und ist die Regelung der Arbeitsteilung kein rein wirtschaftliches, sondern ein soziales Problem. Stets galt es zu regeln, wer innerhalb der jeweiligen Gemeinschaftsformen was zu tun oder nicht zu tun hat, wer sich also auf welche Tätigkeiten zu spezialisieren hat, wie diese Tätigkeiten aufeinander abgestimmt und wie die Ergebnisse bewertet, verteilt oder getauscht werden sollen. Sieht man von einigen genetisch angelegten Vorgaben geschlechts- und altersspezifischer Natur ab, so sind Menschen als vernunftbegabte Wesen dazu fähig, die Regeln der Arbeitsteilung und damit des sozialen Zusammenlebens selbst zu entwickeln, zu verändern und natürlich auch zu befolgen. In dieser Fähigkeit sind der Ursprung und der Kern der einzelnen Kulturen zu sehen, deren Essenz in den verschiedenen gelebten und tradierten Regelwerken besteht.

Der Begriff der Kultur bleibt ebenso wie der Begriff der gesellschaftlichen Regeln oder Institutionen schillernd und unscharf (vgl. *Kohl* 1993, S. 130 f.). Daher soll zunächst in der gebotenen Kürze eine Klärung dieser Begriffe erfolgen. Damit verbunden ist die Frage, weshalb die gesellschaftliche Regelteilung nicht als ein zwangs- oder gleichläufiges, sondern vielmehr als ein höchst diffiziles Unterfangen zu begreifen ist (vgl. ausführlicher *Leipold* 2000, S. 404 ff.).

Nach dem in der Institutionenökonomik vorherrschenden Verständnis verkörpert eine Institution eine Regel (bzw. Regelmenge) in sozialen Beziehungen, die erstens bestimmte Verhaltensweisen gebietet, verbietet oder erlaubt, die also den Raum des zulässigen Verhaltens beschränkt und so Interaktionen ordnet, die zweitens entweder unintendiert entstanden ist oder bewußt durch staatliche Vorgaben bzw. private Vereinbarungen gesetzt wird und die drittens entweder aufgrund informaler Überzeugungen und Gewohnheiten verläßlich befolgt oder aber durch externe Autoritäten notfalls durch Zwang zur Geltung gebracht wird. Institutionen verleihen menschlichen Interaktionen eine Regelmäßigkeit, wodurch mehr oder weniger verläßliche Erwartungen über Verhaltensweisen anderer gebildet und Vertrauensbeziehungen möglich werden können. Je nach dem Grad der Befolgung von, damit auch dem Grad des Vertrauens in Regeln und den hieraus resultierenden Anreizen werden der Verlauf und die Ergebnisse sozialer Beziehungen einschließlich der wirtschaftlichen Arbeitsteilung systematisch beeinflußt (vgl. *North* 1992, S. 3f.)

Dabei ist von der plausiblen Vermutung auszugehen, daß die Geltung der Regeln von der Beschaffenheit realer Interessenbeziehungen abhängt. Die Entstehung und Befolgung gemeinsamer Regeln des Zusammenlebens fallen leichter, je mehr die beteiligten Interessen konvergieren. Sie sind schwieriger, je mehr die Interessen konfligieren. Von daher liegt es nahe, die Grade der Konvergenz bzw. des Konflikts der Interessen als Kriterium der Unterscheidung von Institutionen zugrunde zu legen.

Diese Einsicht hat die Arbeiten bestimmt, in denen das Institutionenproblem mit Hilfe der Spieltheorie modelliert und erklärt wird. Bei der Systematisierung der Spieltypen gemäß den Konfliktgraden der Interessen stehen an den beiden Eckpunkten konfliktfreie Spiele reiner Koordination einerseits und reine Konflikt- oder Nullsummenspiele andererseits. Dazwischen liegen mehr oder weniger konfliktträchtige Spiele mit gemischten Konflikt- und Kooperationsinteressen. Der Extremfall der reinen Interessenkonflikte kann vernachlässigt werden, da er auf den fiktiven *Hobbes*schen Urzustand des Krieges aller gegen alle hinausläuft.

In konfliktfreien und deshalb sozial unproblematischen Interessenbeziehungen haben sich die Akteure auf gemeinsame Regeln zu einigen, die eine wechselseitig verläßliche Koordination der Verhaltensweisen gewährleisten. Sofern das gelingt, hat keiner der Beteiligten einen Anreiz, die Koordinationsregel zu mißachten. Solche Regeln sollen als *selbstbindende Institutionen* bezeichnet werden. Klassische Beispiele dafür sind Konventionen, also Sitten, Gebräuche, Rituale und andere meist kulturspezifische Gewohnheiten.

Davon unterscheiden sich konfliktträchtige und deshalb sozial problematische Interessenbeziehungen, wie sie in klassischer Form durch das Gefangenendilemmaspiel modelliert werden. Hierbei fällt die Einigung auf gemeinsame Regeln der Kooperation deshalb schwer, weil deren verläßliche Befolgung für alle Beteiligten nicht die individuell vorteilhafteste, sondern die zweitbeste Entscheidung bedeutet. Präferieren einige oder möglicherweise alle Spieler die für sie vorteilhafteste Strategie, kommt es ungewollt zur kollektiven Selbstschädigung. Regeln, die im Kontext konfliktträchtiger Interessenbeziehungen entstehen und befolgt werden, seien als *bindungsbedürftige Institutionen* bezeichnet. Der Verzicht auf die situativ größtmögliche Vorteilsnahme setzt moralische Bindungen der Selbstinteressen voraus. Da die verläßliche Befolgung solcher Bindungen den genuin selbstinteressierten Individuen stets und überall schwerfällt, ist in der Entstehung und Befolgung der bindungsbedürftigen Institutionen das originäre Knappheitsproblem der Institutionenökonomik zu sehen. Daraus leitet sich die elementare Frage ab, welche Faktoren die Individuen dazu befähigen, sich auf moralische Bindungen einzulassen und sie ungeachtet situativ notwendiger Verzichte verläßlich durchzuhalten. Hier sollen vier Ordnungsfaktoren unterschieden werden:

- Erstens natürliche, emotionale Anlagen zu moralischem Verhalten. Deren ordnungsstiftendes Potential ist in Form der „moral sentiments" vor allem von den Vertretern der Schottischen Moralphilosophie herausgestellt worden. Die emotionale und vor allem die verwandtschaftliche Verbundenheit hat sich zu allen Orten und Zeiten als der originäre Faktor für die Entstehung und Befolgung moralischer Regeln erwiesen. Diese Regeln seien als *emotional gebundene Institutionen* bezeichnet.

- Zweitens der religiöse Glauben, der schon in frühen Zeiten vielfach dazu benutzt wurde, die engen Verwandtschafts- und Stammesbanden zu durchbrechen und durch religiös-moralische Regeln zu erweitern. Sie seien als *religiös gebundene Institutionen* bezeichnet.

- Drittens die eng mit dem Glauben verbundenen Überzeugungen in säkulare Ideologien und die darin postulierten Grundwerte und Leitbilder für eine freie, gerechte und menschenwürdige Gesellschaftsordnung. Sie sollen als *ideologisch gebundene Institutionen* benannt werden.

- Viertens die Vernunft als originärer Ordnungsfaktor, dessen ordnungsstiftender Einfluß vor allem in der bewußten Setzung und Befolgung gemeinsamer Regeln des Zusammenlebens seinen Niederschlag gefunden hat. Damit ist die Rolle des Rechts angesprochen, das den Kanon zwingender und erzwingbarer Normen oder Regeln verkörpert. Sie seien daher als *rechtlich erzwingbare Institutionen* bezeichnet. Die Geltung rechtlicher, formaler Institutionen gründet sich neben der Vernunft auch auf moralische Rückbindungen, die im Recht „aufgehoben" sind.

Gemäß der Logik des hier vorgestellten Begründungsansatzes ist in dem historisch gewachsenen System der bindungsbedürftigen Institutionen der Kern einer jeden Kultur zu sehen. Die verläßliche Regelung sozial problematischer Interessenkonstellationen verlangt die Beschränkung der Eigeninteressen und damit die angemessene Berücksichtigung der Interessen anderer Individuen. Gefordert sind also moralische Beschränkungen oder Bindungen im ursprünglichen, abstrakten Verständnis, die genuin eigeninteressierten Individuen stets und überall schwerfallen, weshalb Moral im menschlichen Zusammenleben auch stets und überall das knappste Gut repräsentiert. Um das institutionelle Knappheitsproblem lösen zu können, mußten die Menschen in allen Kulturen ein Gerüst an Regeln schaffen, erhalten und weitergeben, das zum Aufbau friedfertiger und produktiver Beziehungen taugte. Wie die Geschichte zeigt, ist dieses Bemühen unterschiedlich und meist nur unvollkommen gelungen.

Die folgende Übersicht faßt die unterschiedenen Typen von Institutionen zusammen:

	Informale Institutionen			⇢ ⇠	Formale Institutionen
Selbstbindende Institutionen	**Bindungsbedürftige Institutionen**				
		Moralgebundene Institutionen			Rechtlich erzwingbare Institutionen
	Emotional gebundene Institutionen	Religiös gebundene Institutionen	Ideologisch gebundene Institutionen		
⇧	⇧	⇧	⇧		⇧
Spontane und bewußte Vereinbarungen	Moralische Gefühle + Vernunft	Glaube + Moralische Gefühle + Vernunft	Überzeugung + Moralische Gefühle + Glaube + Vernunft		Vernunft + Moralische Rückbindungen
Quellen bzw. Ordnungsfaktoren					

Es existieren verschiedene, meist kontroverse Erklärungen der institutionellen Vielfalt und des Nebeneinanders von effizienten und ineffizienten Institutionengefügen. Als zentrale Erklärungsvariablen dienen zufällige institutionelle Innovationen und deren erfolgsabhängige Ausbreitung im Wege der Regelselektion (vgl. *Hayek* 1979 und 1981), die Pfadabhängigkeit des Wandels insbesondere der informalen Institutionen (*North* 1992), die unintendierte Verkettung historischer und insbesondere religiöser Umstände (*Weber* 1920 und 1976) oder das Ausmaß der Rivalität der Staaten (*Jones* 1991). Zu den Einzelheiten dieser Erklärungsansätze sei hier verwiesen auf *Leipold* (1996 und 1998) und *Schimank* (1996). Ein gewisser Konsens besteht in der Einsicht, daß sich die Regelwerke als unintendierte Ergebnisse menschlicher Handlungen und Interessen im Wege langwieriger Differenzierungsprozesse entwickelt haben.

Gemäß dem hier vorgestellten Ansatz sind in den genannten Ordnungsfaktoren, also in den emotionalen Anlagen, dem Glauben, den Überzeugungen und der Vernunft, und in deren historisch gewachsener Kombination die zentralen Erklärungsvariablen für die institutionelle Regelteilung zu verorten.

2. Thesen zu den Eigenarten des Institutionengefüges islamischer Länder

Anhand der angeführten Institutionentypen und der ihnen zugrundeliegenden Ordnungsfaktoren sollen im folgenden die Besonderheiten des Institutionengefüges in den islamischen Ländern bestimmt werden. Dabei interessiert die häufig mit Bezug zur bekannten Protestantismusstudie von *Max Weber* (1920) gestellte Frage nach dem Wirtschaftsethos spezifischer Religionen nur am Rande. Vielmehr soll nach dem Einfluß der islamischen Religion auf die Entwicklung der gesellschaftlichen Regelteilung und der davon abhängigen wirtschaftlichen Arbeitsteilung gefragt werden. Hier ist die These zu begründen, daß die islamische Religion wenig Freiraum für die Entfaltung säkularer und pluraler Ideologien sowie für die vernunftgeleitete Gestaltung und Anpassung des

Rechts läßt. Ideologisch gebundene und rechtlich erzwingbare Institutionen bleiben Schattengewächse des nach wie vor dominant religiös geprägten Institutionengefüges. Anders formuliert, in der islamischen Religion wird ein Hindernis für die Entwicklung der institutionellen Ausdifferenzierung und damit auch der marktwirtschaftlichen Arbeitsteilung und Spezialisierung gesehen.

Ich bin mir bewußt, daß diese These unter Islam-Experten umstritten ist (vgl. z. B. contra: *Rodinson* 1986; *Nienhaus* 1997; pro: *Tibi* 1980; *Lipson* 1993; *Kuran* 1997; *Raddatz* 2001). Die Erklärung des Zusammenhangs zwischen Islam und wirtschaftlicher Entwicklung birgt allein wegen der Vielfalt der islamischen Ordnungen und deren Vermischung mit arabischen, iranischen, afrikanischen, zentral- oder südostasiatischen Kulturelementen sowie wegen der überall bestehenden Kluft zwischen islamischer Lehre und politischer Praxis nur schwer lösbare Rätsel. Dazu haben viele islamische Länder freiwillig oder auch unfreiwillig relativ säkulare Verfassungen westlichen Musters etabliert. Die Länder mit der größten muslimischen Bevölkerung sind Indonesien (175 Millionen), Pakistan (130 Millionen) sowie Bangla Desch und Indien mit jeweils ca. 110 Millionen Muslimen; im Mittelosten sind dies der Iran, Ägypten und die Türkei mit jeweils 60-70 Millionen (vgl. *Halm* 2000, S. 7). Die Vermischung des Islams mit den je eigenständigen Kulturen der Länder erschwert das Vorhaben, gemeinsame religionsspezifische Prägungen des Institutionengefüges bestimmen zu wollen. Diese sind jedoch aufgrund des gemeinsamen Glaubens der Muslime unübersehbar. Am deutlichsten sind sie in den islamischen Kernländern der Mittelostregion vorhanden, weshalb diese auch als empirische Untersuchungsobjekte für die späteren länderbezogenen Ausführungen dienen sollen.

Vor allem scheint aber die geschichtliche Entwicklung gegen die These, der Islam behindere die institutionelle Entwicklung und die wirtschaftliche Arbeitsteilung, zu sprechen. Denn die ersten zwei Jahrhunderte, in denen das Institutionengefüge der islamischen Gemeinde am stärksten den religiösen Vorgaben entsprach, waren politisch, kulturell, wissenschaftlich und nicht zuletzt wirtschaftlich eine beispiellose Erfolgsgeschichte (vgl. *Endreß* 1997; *Haarmann* 1994). Die Tatsache, daß über einen längeren Zeitraum ein intensives wirtschaftliches Wachstum erzielt werden konnte, spricht also eher für den entwicklungsbeflügelnden Einfluß des Islams. Erst als der Einfluß der Religion in der Politik allmählich schwand, verfiel die wirtschaftliche Entwicklung in die Stagnation, die – abgesehen von dem temporären Erfolg des Osmanischen Reiches – bis heute die Entwicklung der zum islamischen Kulturkreis gehörenden Länder prägt. Sie steuern mit einem Anteil an der Weltbevölkerung von mehr als 20 v.H. ganze 6 v.H. zum Weltsozialprodukt bei (vgl. *Kuran* 1997).

In den vorherrschenden institutionenökonomischen Erklärungsansätzen werden diese gravierenden Entwicklungsrückstände dem rentensuchenden Streben der Politiker und Bürokraten zugerechnet. Nach *Nienhaus* (1997, S. 367) hat die wirtschaftliche Misere mit der islamischen Weltanschauung „nichts zu tun". Ähnlich fällt die Diagnose von *Weede* (2000, S. 171) aus, wonach es „... nicht der Inhalt der Religion (ist), sondern die politische Ordnung, die für die Rechtsunsicherheit im Islam verantwortlich ist". Der Verweis von *Weede* auf *Max Weber* als Gewährsmann für diese These wird dessen Islamverständnis nicht gerecht. Aufschlußreicher dazu ist die These von *Weber* (1976,

S. 643), nach der nicht der Islam als Konfession der Individuen die frühe Industrialisierung behinderte, sondern „... die religiös bedingte Struktur der islamischen Staatengebilde, ihres Beamtentums und ihrer Rechtsfindung". Diese Diagnose entspricht der hier vertretenen These von der Dominanz religiös gebundener Institutionen, die die Entwicklung der säkularen Regelwerke auf spezifische Weise geprägt haben. Dabei ist daran zu erinnern, daß es sich bei den religiös gebundenen Institutionen größtenteils um verinnerlichte, informelle Werte und Normen handelt, durch die die Weltbilder der gläubigen Muslime maßgeblich vorstrukturiert wurden und bis heute werden. In dieser religiös geprägten Weltsicht weisen Religion, Staat, Recht und andere Bereiche eine eigenständige Einheit auf. Der Islam war von Anfang an mehr als die Botschaft von der Existenz und Allmacht des einzigen Gottes. Er war zugleich eine religiös inspirierte Konzeption für eine neue, die tribalen Gegensätze überwindende Gesellschaftsordnung. Zum besseren Verständnis der spezifischen Einheit von Religion, Recht und Politik ist ein Blick auf die Frühgeschichte und die nachfolgende Expansion des Islam geboten.

3. Die Frühgeschichte des Islam[*]

Der Islam entstand in den Jahren 610 – 632 christlicher Zeitrechnung auf der arabischen Halbinsel. Sein Schöpfer war der Prophet *Mohammed*, der ab 610 in seiner Geburtsstadt Mekka die göttlichen Offenbarungen empfing und den Menschen übermittelte. Da seine Botschaft primär an seine Mitbürger in Mekka und in der näheren Umgebung gerichtet war, ist ein kurzer Blick auf die politischen und sozialen Verhältnisse in Arabien angebracht (vgl. zum folgenden *Watt* 1956; *Grunebaum* 1986; *Bobzin* 2000; *Endreß* 1997; *Haarmann* 1994).

Das vorislamische Arabien war in nomadisierende Stämme und in einige stadtartige Gemeinden zersplittert. Selbst in den Gemeinden blieb die Stammesordnung die dominante Form der Vergemeinschaftung, die sich meist von einem fiktiven Ahnherrn herleitete. Die Menschen erlebten und erhielten ihre Identifikation als Mitglieder des Stammes oder seiner Clans. Die Stämme wurden von Männern (Scheich, Emir) angeführt, deren Status sich meist auf Herkommen oder persönliche Autorität stützte. Sie hatten Streitigkeiten zwischen Familien und Sippen zu schlichten, notleidenden Stammesmitgliedern zu helfen und die Beziehungen zwischen Stämmen zu organisieren. Wechselnde Bündnisse und Raubzüge zwischen den Stämmen waren an der Tagesordnung.

Gemessen an den angrenzenden Großreichen des christlichen byzantinischen Reichs und des persischen Reichs der Sassaniden, war Arabien politisch und zivilisatorisch bedeutungslos und wirtschaftlich arm. Die tägliche Existenzsicherung war den Launen des Klimas und der Kargheit der Natur ausgeliefert. Einen gewissen Wohlstand gab es

---

[*] In der deutschsprachigen Fachliteratur ist keine einheitliche Form der Transkription arabischer oder persischer Namen erkennbar. So findet man selbst in Büchern, die im selben Verlag erschienen sind, *Mohammed* neben *Muhammad*, *Othman* neben *Uthmân*, Omajjaden neben Umayyaden, Idjtihad neben Ijtihâd etc. Der sprachkundige Leser sei deshalb gegenüber den hier gewählten Transkriptionen um Nachsicht gebeten. Im Interesse der Lesbarkeit wird auf diakritische Zeichen verzichtet.

nur bei den städtischen Händlern, die den Karawanenfernhandel organisierten. Ein bedeutendes Handelszentrum war Mekka, der Geburtsort von .Mohammed.

Mekka war Handels- und Pilgerort, der am Schnittpunkt mehrerer wichtiger Karawanenwege lag. Zur Zeit *Mohammeds* wurde Mekka vom Stamm der Quraisch beherrscht. Dieser Stamm setzte sich aus mehreren Clans oder Sippen zusammen. *Mohammed* entstammte der Sippe der Hashimiten, die stadtintern nicht zu den aristokratischen Sippen gehörte. Die Religion Mekkas war wie die anderer Stämme polytheistisch. Während die seßhaften Oasengemeinden lokale Götter verehrten, waren es bei den Nomadenstämmen eher Gestirnskulte und naturnahe Schicksalsgötter. In Mekka selbst stand das Heiligtum der Kaaba, dessen Besuch durch die jährlichen Wallfahrten der Stadt und hierbei den führenden Sippen neben dem Handel einen beträchtlichen Wohlstand bescherten. Dabei ist davon auszugehen, daß die Verwaltung der religiösen Wallfahrtsstätten auch für handfeste Handelsinteressen genutzt wurden, so daß Religion und Geschäfte eng verbunden waren.

Damit sind die sozialen Hintergründe skizziert, in denen der um 570 n.Chr. geborene *Mohammed* aufwuchs. Er verlor früh beide Eltern und wurde zunächst vom Großvater und dann von seinem Onkel mütterlicherseits erzogen. Seine Ausbildung erhielt er im Karawanenhandel im Dienste einer Händlerwitwe, die er als junger Mann heiratete, wodurch er seinen sozialen und wirtschaftlichen Status verbessern konnte. Seine Berufung zum Propheten erfolgte um 610 n. Chr., also ab dem vierzigsten Lebensjahr. Am Anfang seiner göttlichen Offenbarungen stand die Botschaft von der Existenz eines einzigen allmächtigen Gottes, der die Welt geschaffen hat, sie lenkt und das diesseitige Verhalten im Jenseits unerbittlich richtet. Das Bekenntnis zum einen Gott war bekanntlich auch der zentrale Glaubensinhalt des Judentums und des Christentums. Davon hatte *Mohammed* aufgrund der verstreuten jüdischen und christlichen Siedlungen um Mekka und der weiteren Umgebung und aufgrund seiner Reisen als Händler in die jüdischen oder christlichen Regionen des Nordens ein oberflächliches Wissen. Dennoch war seine monotheistische Botschaft vor allem deshalb originell, weil sie aus der Unzufriedenheit mit den herrschenden Verhältnissen ursprünglich an seine Stammesmitglieder in Mekka sowie an die Mitglieder angrenzender Stämme auf der arabischen Halbinsel adressiert war. Aufgrund seiner Kenntnisse sowohl der engeren, aber auch weiter entfernteren Ordnungsbedingungen mußte *Mohammed* über die von engen Clan- und Stammesinteressen geprägten Verhältnisse in Mekka irritiert gewesen sein. Charakteristisch waren nicht nur die wechselnden Fehden und Bündnisse zwischen Stämmen, sondern auch die Verquickung von religiösen Überzeugungen und Geschäften, von der vor allem die führenden Sippen in Mekka profitierten.

Ein wahrscheinlich authentisches Bild der Verhältnisse in Mekka und Umgebung hat eine frühe Bekennergruppe von *Mohammed* gezeichnet, die 615 n. Chr. nach Äthiopien auswanderte, um dort Asyl und Schutz bei dem christlichen Herrscher (Negus) zu finden. Da der Bericht zugleich die zentralen Bekenntnisse der frühen Offenbarungen in Mekka enthält, sei er hier umfassend zitiert:

„O König, wir waren ein unwissendes Volk, verehrten Götzenbilder, aßen Fleisch verendeter Tiere, trieben Unzucht, verletzten die Verwandtschaft[sgebote], mißachteten die [Gesetze der] Gastfreundschaft, und der Mächtige von uns verging sich am Schwachen; so lebten wir, bis Gott einen der unsrigen zu uns als Boten sandte, dessen Abstammung [nasab], Wahrhaftigkeit, Treue und Rechtschaffenheit wir kannten. Der rief uns zu Gott, auf daß wir seine Einheit bekennen und [nur] ihm dienen, und das aufgeben, was wir und unsere Vorfahren neben Gott angebetet haben, Steine und Götzenbilder; und er befahl uns, stets die Wahrheit zu sprechen, Treue zu wahren, die Verwandtschaft zu achten, Gastfreundschaft zu gewähren und Verbrechen und Blutvergießen zu unterlassen; und er verbot uns Unzucht und Lügen, den Besitz von Waisen zu verzehren und keusche Frauen zu verleumden; und er befahl uns, Gott anzubeten und ihm nichts als Teilhaber an die Seite zu stellen; er trug uns Gebet, Almosen und Fasten auf ... Und wir hielten ihn für wahrhaftig, glaubten an ihn und folgten ihm in dem, was ihm von Gott offenbart wurde" (zitiert nach *Bolzin* 2000, S. 85).

Der überlieferte Bericht ist deshalb aufschlußreich, weil er die ursprüngliche Intention des Propheten belegt, mit Hilfe des Glaubens an den einen Gott die Zwietracht zwischen den kleinen Stammesgemeinschaften überwinden und eine stammesübergreifende Glaubens-, Moral- und Politikgemeinschaft zu schaffen. Die religiöse Botschaft enthielt also auch die Botschaft einer neuen und besseren Ordnung des Zusammenlebens in Mekka und in Arabien. Seine Einsicht in die ordnungsstiftende Kraft des monotheistischen Glaubens mag aufgrund seiner Kenntnisse über die angrenzenden christlichen Reiche und jüdischen Gemeinden bestärkt worden sein. Er konnte bei diesem Bemühen schon auf den in Arabien vorhandenen Glaube an Allah als Hochgott anknüpfen. Diesem Hochgott wurden bereits die Eigenschaften als Schöpfer und Lenker des Universums und als Erbarmer menschlicher Unzulänglichkeiten zugeschrieben (vgl. *Bobzin* 2000, S. 52 ff.; *Halm* 2000, S. 8 ff.). Um die einheitsstiftende Kraft des einen und einzigen Gottes zu begründen, galt es, mit dem Glauben an die diversen Stadt- und Stammesgötter und den damit verbundenen Ritualen und Geschäftemachereien radikal zu brechen. Die religiöse Botschaft von Mohammed richtete sich deshalb zuallererst gegen diese Vielgötterei, die arabisch als „Beigesellung" bezeichnet wird und bis heute im Islam der Inbegriff des Unglaubens bedeutet.

Die mutige Kampfansage an die „beigesellenden" und deshalb ungläubigen Mitbürger mußte schon früh als Angriff gegen die tradierte Stammes- und Gemeindeordnung in Mekka verstanden werden. Die anfänglich nachsichtige Gleichgültigkeit gegenüber dem Propheten begann sich zu wandeln, als sein Kampf gegen die alten Gottheiten und Kulte aggressiver wurde und seine Bekennergemeinde anwuchs. Die frühe Bekennergemeinde rekrutierte sich aus verwandten und bekannten Personen, aus jüngeren Personen teils aus einflußreichen Sippen und aus Personen aus Unterschichten, die auch als die „Schwachen" bezeichnet werden. *Mohammed* versuchte, Mitglieder anderer Stämme bei ihrer jährlichen Wallfahrt nach Mekka zu überzeugen. Der Drang zur Missionierung gefährdete nicht nur die hierarchische Ordnung in Mekka, sondern war darüber hinaus geschäftsschädigend. Der Widerstand gegen die frühe Bekennergemeinde wuchs. Es gab Versuche, die Mitglieder der Sippe *Mohammeds* und einer weiteren Sippe seiner Bekenner zu boykottieren, indem Ehen und Handel mit ihnen untersagt wurden. Dennoch blieb die Loyalität der bedrängten Sippen untereinander zu *Mohammed* vorerst noch bestehen. Erst als sein Onkel starb, der nicht nur sein Erzieher, sondern auch in seiner Rolle als Sippenführer sein Beschützer war, wurde die Lage für *Mohammed* prekär, zumal der neue Anführer der Sippe zu seinen Gegnern gehörte. *Mohammed* mußte deshalb bei Stammesfremden neue Verbündete suchen. Er fand sie in zwei Stämmen aus dem ca. 350 km nordwestlich von Mekka gelegenen Yathrib, das später in Medina (die Stadt des Propheten) umbenannt wurde. Die beiden Stämme waren untereinander zerstritten und einigten sich auf *Mohammed* als Schlichter. Im Zuge der Verhandlungen wurde die Übersiedlung *Mohammed*s und seiner Bekennergemeinde von Mekka nach Medina vereinbart, die nicht nur der Aufkündigung der alten Stammeszugehörigkeiten, sondern auch dem Übertritt in eine neue Stammesgemeinschaft gleichkam. Die Auswanderung nach Medina fand im Jahre 622 n. Chr. statt, das Jahr, das später zum Anfangsjahr der islamischen Zeitrechnung gekürt wurde.

Die Übersiedlung nach Medina markierte einen wichtigen Einschnitt sowohl für das Leben und die Lehre des Propheten als auch für die Glaubensgemeinde. Da die beiden arabischen Stämme den Propheten nicht nur zum Schlichter, sondern auch zum Gemeindeführer ernannten, wurde *Mohammed* zugleich zum religiösen und politischen Führer. Diese Doppelrolle hat die Entwicklung der islamischen Religion und des Rechts nachhaltig geprägt, worauf noch einzugehen sein wird. Der innere Gemeindefrieden blieb prekär, weil neben den aus Mekka gekommenen „Auswanderern" und den „Helfern" in Medina in der unmittelbaren Nachbarschaft noch drei jüdische Stämme angesiedelt waren.

Mohammed stand vor einem Berg von Problemen, die er im Laufe der 10 Jahre des Exils genial löste. Zunächst mußte seine ausgewanderte Gruppe, die etwa 200 Familien umfaßte, untergebracht und versorgt werden. Ein Mittel dazu waren Überfälle auf Handelskarawanen, bevorzugt auf jene aus Mekka. Möglicherweise waren die Vertreibung und Vernichtung der drei ortsansässigen jüdischen Stämme auch von wirtschaftlichen Motiven geleitet. Dann waren die Beziehungen zwischen den Auswanderern aus Mekka und den Helfern aus Medina zu regeln. Der erste Bündnisvertrag bezeichnet die neue Föderation der Stämme als „einzige Gemeinde (umma), unterschieden von allen anderen." Der Begriff Umma ist mit den Begriffen Mutter (umm) und Oberhaupt (imam) verwandt und bezeichnet eine neue Form der Gemeinde, die an die Stelle der familial und tribal gebundenen Gemeinschaften treten sollte (vgl. *Halm* 2000, S. 21). Die neue Gemeinde sollte durch den gemeinsamen Glauben an den einen Gott und dessen Gesetze, die er dem Propheten offenbarte, integriert werden. Der Zusammenhalt und die neue Ordnung wurden also von der ordnungsstiftenden Kraft des Glaubens erhofft.

Der innere Glaubensfrieden hatte von Anfang an eine aggressive Kehrseite in Gestalt des Glaubenskrieges gegen Ungläubige. Die frühe islamische Gemeindeordnung war ortsbedingt noch nicht allein auf die Muslime begrenzt. Die ersten Bündnisse zwischen den aus Mekka Ausgewanderten und den Helfern aus Medina schlossen die drei jüdischen Stämme ein. *Mohammed* hoffte, daß die Juden als Monotheisten sich im Islam erkennen und sich zu Glaubensbrüdern bekennen könnten. Stattdessen begegneten ihm die jüdischen Stämme mit herablassender Ablehnung. Die Reaktion von *Mohammed* war unerbittlich, indem er sie unter dem Vorwand des Bruchs von Abmachungen und der Kooperation mit den Ungläubigen in Mekka später vertrieb und vernichtete.

Mohammed nutzte seine Enttäuschungen über die ablehnende Einstellung der Juden dazu, wichtige Regeln und Kulte der islamischen Religion und damit auch der Gemeinde zu formulieren. So verkündete er, daß die heilige Stätte der Kaaba in Mekka ursprünglich von *Abraham* und seinem zweiten Sohn *Ismael* errichtet worden sei. *Abraham* gilt bekanntlich als Urvater des Monotheismus und *Ismael* als Urahn der Araber.

Unverständnis und Sünde hätten die nachfolgenden Ahnen dazu verleitet, das Heiligtum durch Vielgötterei zu entehren. Indem *Mohammed* die Kaaba zur heiligen Stätte deklarierte, konnte er sich als den wahren und letzten Verkünder göttlicher Offenbarungen in die Nachfolge der Prophetenschaft seit *Abraham* einreihen und erhöhen. Daneben konnte er der arabischen Welt ein Heiligtum zuweisen, das älter als der Tempel der Juden in Jerusalem sei. Indem er Mekka als Wallfahrtsort der Muslime inthronisierte, stärkte er die Identität der Araber. Die gleiche Absicht verfolgte die veränderte Ausrichtung der täglichen Gebete. Sie sollten nicht mehr in Richtung Jerusalem, wie es ursprünglich vorgesehen war, sondern in Richtung Mekka verrichtet werden. Schließlich stattete er den Islam mit dem Koran, der ursprünglich Vortrag und Vorlesung meint, also mit einer heiligen, weil von Gott offenbarten Schrift aus, wodurch er den Islam als Schrift- oder Buchreligion zumindest auf die gleiche Ebene wie das Judentum mit seinem Testament und das Christentum mit seinen Evangelien stellte (vgl. *Eliade* 1983, S. 78 ff.). Auch wenn der Koran erst rund 30 Jahre nach dem Tod des Propheten unter der Leitung des dritten Kalifen *Othman* in Schriftform systematisiert wurde, war und ist der Anspruch des Islams, eine offenbarte Schrift- oder Buchreligion zu sein, ein entscheidender Schritt zur endgültigen und überlegenen Abgrenzung von Juden- und Christentum. Die hohe Wertschätzung heiliger Schriften kommt bei *Mohammed* in der Abstufung der Nichtgläubigen in die buchbesitzenden Glaubensgemeinschaften, z. B. der Juden und der Christen, denen Toleranz und Gastrecht zu gewähren seien, und in die schriftlosen und beigesellenden Heiden, die entweder zu bekehren oder zu bekämpfen seien, zum Ausdruck.

Diese rigide Abstufung wird nur verständlich, wenn man die schwierige Lage des Propheten und seiner Glaubensgemeinde berücksichtigt. Denn das heidnische Mekka war ja nicht nur der Auslöser und der Adressat seiner religiösen Botschaft. Es war zugleich aufgrund seines überlegenen wirtschaftlichen und militärischen Potentials der Hauptgegner, den es nach Lage der Dinge, wenn nicht zu bekehren, so doch zu besiegen galt. Die Einzelheiten der kriegerischen Auseinandersetzungen zwischen Medina und Mekka sollen hier nicht ausgebreitet werden. *Mohammed* konnte mit viel Geschick und auch Kampfesglück schließlich Mekka kampflos einnehmen und bekehren.

Indem die aristokratischen Sippen Mekkas den islamischen Glauben annahmen, war das Lebenswerk von *Mohammed* vollendet. Der Erfolg wurde dadurch abgerundet, daß zum Zeitpunkt seines plötzlichen Todes im Jahre 632 n. Chr. fast alle Stämme der Arabischen Halbinsel Mitglieder der neuen Gemeinschaft geworden waren. Der Prophet hatte also nicht nur eine neue Religion gestiftet. Er hatte zugleich auch die Fundamente für einen arabischen Staat geschaffen, der nach seinem Tod schnell über Arabien hinaus expandieren sollte. Dabei ging die Expansion des Staates mit jener der Religion einher. Die enge Einheit von Religion, Staat und Recht ist also in den Entstehungsbedingungen des islamischen Gemeinwesens angelegt und findet in der theokratischen Verfassung der Urgemeinde in Medina ihr originäres und für den Islam überzeitliches Idealmodell. In der engen Einheit von Religion, Staat und Recht ist bis heute die markante Eigenart der islamischen Länder zu sehen. Da sich diese Eigenart nur aufgrund der spezifischen Entstehungsbedingungen des Islams erschließen und verstehen läßt, sollen noch einmal die markanten Leistungen des Gründers der islamischen Religion und Gesellschaftsordnung zusammengefaßt werden.

Mohammed war zuallererst der virtuose Stifter einer neuen Religion, deren Bekenntnisse im heiligen Buch des Korans zusammengefaßt sind. Die zentrale Botschaft von der Existenz des einen Gottes als Schöpfer, Lenker und Richter des Weltgeschehens entstand zuerst in Mekka und richtete sich in religiöser Absicht gegen den Polytheismus und in sozialer Absicht gegen die inneren und äußeren Defizite der arabischen Stammesordnungen. Dagegen setzte *Mohammed* den Glauben an den einen Gott und damit die Vision einer neuen und gerechteren stammesübergreifenden Ordnung des menschlichen Zusammenlebens.

Diese Botschaft konnte neben anderen glücklichen Umständen vor allem deshalb erfolgreich sein, weil sie mit einer ungeheuren sprachlichen Überzeugungskraft formuliert und zudem als der wahre Abschluß des göttlichen Willens verkündet wurde. Schon die Gegner in Mekka mußten die Begabung des Propheten als „Zauberer der Worte" neidlos anerkennen. Die frühen Bekenner standen im Bann der virtuosen Sprachgewalt der rezitierten Offenbarungen. Die Vorträge von *Mohammed* wurden als eine Mischung von verständlicher Rede mit unvertrauten Begriffen und Bildern erlebt. Die Gemeinde der Gläubigen empfand das Gefühl, mit Gott in dessen eigener Sprache kommunizieren zu können. Wahrscheinlich ist die Sprachmächtigkeit das gewichtigste Argument für das später formulierte Dogma von der unerschaffenen ewigen Existenz und damit der göttlichen Urheberschaft des Korans. Die Begriffe und religiösen Bilder des Korans haben in der islamischen Glaubensgemeinde und vor allem in der arabischen Sprache tiefe Spuren hinterlassen, so daß man von einer „Koranisierung" der sprachlichen und mentalen Modelle der Weltsicht für die gläubigen Muslime sprechen kann (vgl. *Schimmel* 1995, S. 196 ff.).

Mohammed war aber zugleich auch der virtuose Begründer einer neuen Gesellschaftsordnung mit neuen Moral- und Rechtsnormen. Große und bedeutende Religionen erfüllen neben einer Sinnstiftungs- und Heilsfunktion stets auch eine Ordnungsfunktion. Der Islam zeichnet sich wie kaum eine andere Religion durch die Einheit beider Funktionen aus. Die Ursache dafür ist in der wahrscheinlich ungewollten, von den Zeitumständen jedoch aufgedrängten Doppelrolle *Mohammed*s als Prophet Gottes und als politischer Anführer der neuen Glaubensgemeinde in Medina zu sehen.

In dieser doppelten Funktion mußte er sich gegenüber den steten Gefährdungen einer feindlichen Umwelt der Ungläubigen erwehren. Ferner mußte er für die neue Gemeinde eine konsens- und überlebensfähige Verfassung entwerfen und durchsetzen. Angesichts der äußeren und inneren Gefährdungen sah er sich genötigt, nahezu 30 blutige Kriegszüge und Überfälle auf Karawanen vor allem gegenüber den feindlichen Mekkanern persönlich anzuführen, was für einen Verkünder einer neuen Ordnung des menschlichen Zusammenlebens sicherlich nicht als überzeugende Bilanz der Nächstenliebe zu bewerten ist. Er mußte sich nicht nur als Feldherr gegenüber äußeren Gefährdungen, sondern auch als Schlichter, Richter und Anführer innerhalb der Glaubensgemeinde bewähren. Hierbei galt es, tradierte Stammesregeln außer Kraft und an deren Stelle neue Regeln zu setzen. Dazu war es geboten, das Gewohnheitsrecht soweit wie möglich zu bewahren und mit neuen, stammesübergreifenden Bedeutungsgehalten zu versehen. Für dieses schwierige Unterfangen nutzte *Mohammed* seine Autorität als Gesandter Gottes. Er schlichtete Streitfälle zwischen Stammesmitgliedern und setzte neues Recht, das später zum heiligen Recht dogmatisiert wurde. Er brach auch opportunistisch vertragliche Abmachungen und legitimierte seine Entscheidungen nicht selten als göttliche oder – wenn Revisionen geboten waren – auch als verderbliche teuflische Eingebungen. Die religiöse Legitimation findet ihren Ausdruck in dem im Koran mehrfach vorkommenden Gebot: „Gehorcht Gott und seinem Gesandten!" Aufgrund der klugen Berücksichtigung tradierter Stammesrechte und der Setzung und Auslegung neuer Rechtsnormen kraft der Autorität als Gesandter Gottes weist das islamische Recht von Anfang an eine starke Verschmelzung zwischen tribalen Gewohnheitsrechten und universalen religiösen Normen auf. *Hall* (1985, S. 85) hat diese Einheit treffend dahingehend charakterisiert, daß der Islam von Anfang an ein Monotheismus mit einem tribalen Gesicht sei.

4. Expansion und Niedergang des Islams im Überblick

Das tribale Gesicht entschleierte sich bereits bei den Auseinandersetzungen über die Nachfolge des Propheten in der Urgemeinde. Aufgrund des plötzlichen Todes konnte *Mohammed* diese Frage nicht regeln. Da er keine männlichen Nachkommen hinterlassen und auch seine Person und Familienlinie bewußt nicht religiös erhöht hatte, konnte die Nachfolge nicht nach üblichem Muster des Erbcharismas begründet werden. Wie *Max Weber* (1976, S. 673) bemerkt, hatte das für die weitere Entwicklung des Islams tiefgehende Konsequenzen und führte letztlich zur Spaltung des Islams in das arabisch geprägte Sunnitentum und das maßgeblich persisch geprägte Schiitentum.

Ganz im Geiste der Stammestraditionen einigten sich die älteren und angesehenen Gemeindevorstände in Medina auf *Abu Bakr* als Nachfolger des Propheten. *Abu Bakr* genoß als einer der frühesten Anhänger, als Mitglied des Stammes Quraisch und als Schwiegervater von *Mohammed* hohes Ansehen. Zudem war er von *Mohammed* während dessen letzter Erkrankung als sein Vertreter bei der Gebetsausübung betraut worden. Er bot sich daher als rechtmäßiger Nachfolger (Kalif) des Propheten an. Seine Amtszeit dauerte nur zwei Jahre (632-634 n. Chr.), in denen er die Einheit der Gemeinde sichern konnte. Als sein Nachfolger wurde *Omar* bestimmt, der sich als fähiger Kriegsführer erwies. Während dessen Kalifenzeit (634-644 n. Chr.) begann die militärische Expansion der muslimischen Gemeinde. Nacheinander wurden das unter byzantinischer Herrschaft stehende Syrien, große Teile der zum persischen Sassanidenreich gehörenden Länder und im Jahre 642 n. Chr. schließlich Ägypten erobert. Ein Motiv für die kriegerische Expansion war sicherlich das missionarische Streben, die Ungläubigen zu bekehren. Wichtiger war wohl das Verlangen, die arabische Vorherrschaft über die angrenzenden alten und ehemals überlegenen Kulturvölker zu erlangen. Der religiöse und politische Elan zusammen mit der Tatsache, daß nahezu jeder erwachsene männliche Muslim zugleich ein Krieger war und die Gemeinde daher über ein Volksheer verfügte, mögen die schnellen militärischen Erfolge erklären. Hinzu kam das militärstrategische Talent von *Omar*, der dem Titel als Kalif den des „Gebieters der Gläubigen" hinzufügte. Darin kam der Anspruch seiner Herrschaft als arabisch-muslimische Theokratie zum Ausdruck, die vom religiösen Zentrum in Medina aus verwaltet wurde. Folgerichtig wurden die eroberten Regionen und Völker in die Gruppen der herrschenden

Gläubigen und der beherrschten Andersgläubigen unterteilt (*Grunebaum* 1986, S. 60 ff.).

Omar konnte vor seinem Tod aufgrund eines Attentats seitens eines persischen Sklavens noch ein Komitee von sechs Glaubensgefährten, die alle Mitglieder des Stammes der Quraisch waren, zur Wahl seines Nachfolgers einsetzen. Diese einigten sich auf *Othman*, der eher als schwache Person galt. Unter seiner Herrschaft wurden die überlieferten Verkündigungen und Offenbarungen des Propheten zur schriftlichen und verbindlichen Fassung des Korans kodifiziert. Nach seiner Ermordung wurde *Ali*, der Schwiegersohn und Neffe *Mohammeds* von den Medinensern zum Kalifen gewählt. Dabei spielte das Motiv, daß die Blutsverwandtschaft mit dem Propheten als oberstes Kriterium für die Wahl der Kalifen gelten sollte, eine wichtige Rolle. Die Herrschaft *Alis* stand unter einem unglücklichen Stern. Es kam zum innerislamischen Bürgerkrieg, der letztlich ein Krieg um die Vorherrschaft zwischen den Stämmen aus Mekka und den Leuten der Familie bzw. den Helfern aus Medina war. Dreißig Jahre nach dem Tod des Propheten spaltete sich die Gemeinde in die Parteigänger der später als Sunniten bezeichneten Gruppierung, die in der Abstammung von den Quraisch das legitime Auswahlkriterium sahen, und in die Fraktion der Schiiten, die in den Nachkommen des Propheten und der Person von *Ali* das legitime Kriterium der Nachfolgerschaft erachteten. Schließlich sei noch die Fraktion der Kharijiten erwähnt, die das Recht der eigenständigen Wahl des religiös rechtgeleiteten Anführers durch die Gemeindemitglieder postulierten. Diese Fraktion blieb jedoch nur temporär von Bedeutung.

Die bürger- oder besser stammeskriegsähnlichen Konflikte wurden vorerst durch die Wahl *Muawiyas* (661-680 n.Chr.) beendet, der die erbliche Dynastie der Omaijaden (661-750 n.Chr.) begründete, die für das folgende Jahrhundert die Geschicke der islamischen Gemeinde bestimmen sollte.

Die Herrschaft der omaijadischen Kalifen, die den Titel als „Stellvertreter Gottes auf Erden" beanspruchten, wurde mit der Tradition legitimiert, wonach Gott die Quraisch zu den Wächtern seines Heiligtums, der Kaaba, auserwählt habe. Die Omaijaden waren also davon überzeugt, von Gott zu den Herrschern aller Araber und aller Gläubigen auserkoren zu sein. Der göttliche Herrschaftsanspruch sollte den Rivalitäten um den legitimen Kalifen den Boden entziehen. In der frühen Phase des islamischen Gemeinwesens blieb der Verweis auf traditionale tribale Rangordnungen und Vorrechte noch ein wirksames Mittel der Herrschaftssicherung, zumal der Prophet Mekka selber als zentrale Kultstätte erhöht hatte. Im Zuge der weiteren Expansion des Islams und der Eingemeindung nichtarabischer Völker mußte der omaijadische Herrschaftsanspruch zunehmend in Frage gestellt werden. Denn der Islam verstand sich ja von Anfang an als stammesübergreifende und universal ausgerichtete Glaubensbotschaft, die die Unterwerfung aller Menschen und damit auch der Herrscher unter die göttlichen Gebote forderte. Als ideale Herrschaftsform galt und gilt bis heute die Urgemeinde mit der gottgeleiteten Doppelherrschaft des Propheten als religiöser und politischer Führer. Die frühe Spaltung der Gemeinde resultierte also aus dem Zwiespalt der Argumente zugunsten der legitimen Herrschaftskriterien. Zwei Kriterien standen zur Wahl: Zum einen bot sich die Übertragung der Herrschaft an die engsten Verwandten des Propheten und deren Nachfahren an, von denen eine genealogisch inkorporierte göttliche Rechtleitung vermutet wurde. Dieses Argument wurde sowohl von den Sunniten in Form der Stammesmitgliedschaft und noch verstärkt von den Schiiten in Form der direkten Verwandten und Nachkommen des Propheten benutzt. Gemäß dem zweiten Kriterium sollte die Ausübung der Herrschaft im Geiste und gemäß dem Vorbild des Propheten erfolgen. Diese Herrschaftsform konnte zwar nicht auf direkte oder genealogisch vermittelte göttliche Eingebungen bauen. Sie konnte und sollte jedoch soweit wie möglich eine an göttlichen Vorgaben und an vorbildhaften Verhaltensweisen des Propheten orientierte Herrschaft sichern. Auf die Indienstnahme theologischer Argumente für die Klärung der politischen Kontroversen wird noch einzugehen sein.

Die unter den Kalifen der Omaijaden erfolgenden Eroberungen im Westen, die über Nordafrika bis nach Spanien führten, und im Osten, wo sie sich über Teile Zentralasiens bis zur Mündungsregion des Indus erstreckten, waren ein von ständigen Erfolgen beflügelter Prozeß. Nach islamischer Interpretation „öffnete" Gott die Länder für den Siegeszug des Islams. Begünstigt wurde diese Öffnung durch die tolerante Behandlung der eroberten Gebiete und Städte, mit denen vielfach vertragliche Vereinbarungen über den Schutz des Lebens, des Besitzes und des Glaubens abgeschlossen wurden. Gemäß den Anweisungen des Propheten wurden dabei die „Leute der Schrift", also alle monotheistisch Gläubigen, die ein geoffenbartes heiliges Buch besaßen, gegenüber den ungläubigen Heiden privilegiert. Dieser Schutz (dimma) galt als einklagbarer Anspruch der nichtmuslimischen Untertanen gegenüber den islamischen Herrschern. Freilich waren für diesen Schutz Tribute zu leisten, zuerst in Form von Pauschalbeträgen, später in Form individueller Kopfsteuern der erwachsenen Männer. Das Interesse an hohen Tributeinnahmen, von denen hauptsächlich die Dynastie der Omaijaden und deren Stammesmitglieder profitierten, war deshalb ebenso virulent wie das der Bekehrung der Unterworfenen zum Islam. Das Bündnis des Schutzes des Lebens und Vermögens sowie der Religionsfreiheit gegen mäßige Tribute sowie die Toleranz gegenüber lokalen oder regionalen Verwaltungsstrukturen und Gewohnheitsrechten boten günstige Rahmenbedingungen für die Entfaltung der Wirtschaft. Es entstand ein riesiger Wirtschaftsraum mit vereinheitlichten Maßen und Gewichten, Geld- und Handelsregeln sowie mit funktionierenden Verwaltungs- und Justizstrukturen. Von daher war der enorme wirtschaftliche Erfolg des islamischen Gemeinwesens während der Herrschaft der Omaijaden das folgerichtige Resultat.

Insgesamt erwies sich die vom Propheten in der Urgemeinde praktizierte Politik der toleranten Behandlung sowohl der zur Konversion bereiten Bevölkerung als auch der Leute einer heiligen Schrift, also vor allem der Juden und Christen, als kluge Maxime der Eroberungspolitik. Indem diese Strategie die materielle Basis unangetastet ließ und durch den Ausbau der Infrastruktur noch stärkte, sicherte sie eine florierende Wirtschaft als Grundlage für ergiebige Tribute und damit für den Erhalt des Militärapparates und für den Bau religiöser und kultureller Kunstwerke. Ebenso klug war die Bereitschaft, bestehende Gewohnheitsrechte, administrative Strukturen und Architektur- oder Kunstformen nicht nur zu akzeptieren, sondern in die islamisch-arabische Ordnung zu assimilieren.

Die ausgewogene Balance zwischen politisch-religiöser Expansion und Toleranz war jedoch von Anfang an prekär. Denn unterhalb des religiös fundierten Zusammenhalts der islamischen Gemeinde schwelten die alten tribalen Konflikte weiter und wurden durch neue ethnische Gegensätze verschärft.

Die Einzelheiten der Kämpfe um die politische und religiöse Führerschaft des islamischen Gemeindewesens sollen hier nicht ausgebreitet werden. Anfang des 8. Jahrhunderts verschärfte sich der Kampf um die Vorherrschaft zwischen den arabischen Eroberern und den nichtarabischen Konvertierten. Im Jahre 750 n. Chr. gelang es der Sippe der Abbasiden im Wege des Umsturzes die Herrschaft der Omaijadendynastie zu beenden. Pikanterweise waren die Abbasiden ebenfalls Mitglieder des Quraisch-Stammes aus Mekka und sogar enge Verwandte der Sippe des Propheten. Allerdings kam es während ihrer Kalifenzeit schon bald zur Zurückdrängung des arabischen Einflusses zugunsten eines universal orientierten islamischen Charakters. Die Residenz des Kalifen wurde von Damaskus nach einer neugegründeten Palaststadt nahe Bagdad verlegt. Bedingt durch die regionale Nähe zum Iran und durch die rasche Bekehrung der iranischen Adelsschichten zum Islam, kam es zur verstärkten Iranisierung des islamischen Reiches. Iraner übernahmen nicht nur führende Positionen in Staat und Militär, sondern auch in den sich ausbildenden Kunst-, Rechts-, Philosophie- und Wissenschaftsschulen. Durch das iranische Element erlebten Kultur, Kunst und Wissenschaften eine enorme Blüte.

Dennoch zerfiel das islamische Reich ab dem 9. Jahrhundert durch Abspaltungen einzelner Regionen und durch immer wieder aufflammende Bürgerkriege. Die neuen regionalen Gouverneursdynastien akzeptierten zwar den Kalifen in Bagdad, von dem sie sich nominell einsetzen ließen, herrschten aber ansonsten autonom. Die politische und die ohnehin geringe religiöse Autorität der Kalifen schwand also zunehmend, bis der Einfall der Mongolen im Jahre 1258 n. Chr. das Kalifat von Bagdad endgültig beendete.

Nach einer Periode des Zerfalls in eine Vielzahl von Einzelstaaten bildeten sich zu Beginn des 16. Jahrhunderts drei islamische Reiche: Erstens das Mogul-Reich auf dem indischen Subkontinent, das timuridisch-mongolischen Ursprungs war, zweitens das Safawiden-Reich im Iran, das bald den Schiismus zur Staatsreligion erhob, und drittens das Osmanische Reich, das im frühen 16. Jahrhundert ausgehend von Kleinasien Teile des Balkans, den Großteil der arabischen Länder und Teile Nordafrikas umfaßte. Die Dynastie der Safawiden wollte mit der Deklarierung des Schiismus als Staatsreligion eine eigene religiöse Legitimierung der Herrschaft schaffen und sich von den osmanischen und sunnitisch legitimierten Herrschern abgrenzen. Dazu ließ sie sich ihre genealogische Herkunft von *Ali* als dem ersten rechtmäßigen Kalifen attestieren. Dadurch wurden sie zu legitimen Stellvertretern des seit dem 9. Jahrhundert verborgen lebenden zwölften Imams und über diesen zum „Schatten Gottes auf der Erde" verklärt (zu Details der schiitischen Religion und Geschichte vgl. *Halm* 1994).

Die Herrscher des Osmanischen Reichs nannten sich Sultan. Diesen Titel hatte sich die Dynastie der türkischen Seldschuken bereits im 11. Jahrhundert aufgrund ihrer faktischen politischen Macht zugelegt und vom schwachen Kalifat aus Bagdad bescheinigen lassen. Dem Sultanstitel ermangelte es der religiösen Legitimation, weshalb den von den mächtigen Sultanen erlassenen Gesetzen und Anordnungen von den islamischen Theologen das Testat als religiös verbindliches Recht verweigert wurde. Diese wurden nicht Bestandteil der Scharia, also des göttlichen Rechts, sondern nur als bloße Richtlinie und somit als beliebiges säkulares Recht eingestuft. Säkulares Recht galt und gilt jedoch nicht als genuin islamisches Recht, sondern eher als minderwertiges Recht. Diese Differenzierung mußten auch die mächtigen osmanischen Sultane erfahren. Die religiöse Abwertung ihrer faktischen Macht sollte durch die Verleihung des Kalifatstitels behoben werden. Dieser Titel vermittelte den Schein als rechtmäßiger Nachfolger des Propheten und damit als legitimer Schutzherr der heiligen Wallfahrtsstätte in Mekka. Obwohl das Osmanische Reich willkürliche Herrschaftspraktiken aufwies, zu denen etwa die Einführung des Militärlehens als Finanzierungs- und Beherrschungsform der regionalen militärischen Eliten zu nennen ist, bescherte es der islamischen Welt eine temporäre wirtschaftliche und kulturelle Blüte. Die Herrschaft der osmanischen Sultane/Kalifate wurde durch die bereits im 19. Jahrhundert erfahrenen militärischen und politischen Niederlagen und Schwächen mit der Gründung der säkularen Republik Türkei durch *Kemal Atatürk* in den Jahren 1923/24 beendet. Seit der Abschaffung des Kalifats im Jahre 1924 befindet sich die islamische Glaubensgemeinde ohne ein religiöses und politisches Oberhaupt. Die beiden anderen islamischen Reiche im Osten verschwanden bereits früher. Die Herrschaft der Safawiden endete im Jahre 1722 n. Chr., und das indische Mogul-Reich wurde 1857 durch die britische Kolonialherrschaft beendet. Ausgehend von Indien, mußten dann fast alle Regionen und Länder der islamischen Welt die bittere Kolonialisierung durch europäische Mächte, insbesondere durch Großbritannien und Frankreich, erfahren, die als Demütigung der eigenen religiösen und kulturellen Traditionen empfunden wurde. Nach dem Ende der kolonialen Herrschaften im 20. Jahrhundert entstanden neue Staaten, die nicht zu einem geringen Teil aus osmanischen Provinzen sowie als Geschöpfe der ehemaligen Kolonialherren entstanden. In der Neuzeit ist die islamische Gemeinde durch eine Vielfalt von Staatswesen gekennzeichnet.

Bevor auf die Eigenarten des Institutionengefüges in den islamischen Ländern eingegangen wird, ist ein knapper Exkurs in den Verlauf der frühen Theologie- und Rechtsdiskussionen geboten. Auch hier fällt die wechselseitige Indienstnahme theologischer, politischer und juristischer Argumente für die Existenzsicherung der islamischen Gemeinde auf. Darüber hinaus kam es in den frühen Kontroversen zur Dogmatisierung theologischer und rechtlicher Überzeugungen, durch die die Entwicklung der islamischen Regelwerke bis heute maßgeblich präformiert wurden.

5. Der entwicklungsbestimmende Sieg des Glaubens über die Vernunft

Wie dargestellt, stand die Frage nach der Prophetennachfolge und damit auch der legitimen Herrschaft im Zentrum der Streitigkeiten in der frühen islamischen Gemeinde. Als Sieger der Auseinandersetzungen ging *Muawiya* hervor, der als Mitglied einer mekkanischen und ursprünglich dem Propheten feindlich gesonnenen Sippe die erbliche Dynastie der Omaijaden begründete, die für das folgende Jahrhundert (661 – 750 n. Chr.) die Geschicke des islamischen Reiches bestimmen sollte. Allein die Vorherrschaft der ehemals feindlichen Mekkaner über die islamische Gemeinde wurde von den unterlegenen Anhängern der Familie des Propheten schon als Zumutung empfunden. Noch mehr stieß jedoch der Anspruch der Omaijaden auf Widerstand, ihre Herrschaft nicht nur als „Nachfolger des Propheten", als bloße Kalifen, sondern als „Stellvertreter Gottes auf Erden" auszuüben. Dieser Anspruch stützte sich auf das Argument, daß Gott den

Stamm der Quraisch seit jeher als Hüter der Heiligtümer in Mekka auserwählt und beauftragt habe. Damit sollte die politische Herrschaft als Ausdruck des göttlichen Willens legitimiert werden. Das mußte die Opposition der im Bürgerkrieg unterlegenen Anhänger der Familie des Propheten hervorrufen, die sich in der Gegenbewegung der Schiiten sammelte.

Diese Auseinandersetzung ist hier nur deshalb von Interesse, weil sie die erste theologische Debatte in der islamischen Gemeinde durch die Schule der Qadariten auslöste (vgl. *Grunebaum* 1986; *Nagel* 1994; *Haarmann* 1994). Sie entstand zu Beginn des 8. Jahrhunderts in Syrien. Der Begriff „qadar" bezeichnet ursprünglich die im Koran verkündete Allmacht Gottes als Schöpfer, Lenker und Richter allen Weltgeschehens. Gegenüber diesem Dogma postulierten die Qadariten die Rolle der Willensfreiheit und der Selbstverantwortlichkeit der Menschen. Sie sprachen damit ein Problem an, das später die theologische Debatte über das dem Koran angemessene Gottesbild im Islam beherrschen sollte. Dabei sind die politischen Motive der Debatte wichtig. Denn das Postulat der Selbstverantwortlichkeit war primär gegen das Kalifat der Omaijaden und deren Anspruch auf eine durch „Gottes Wille" eingesetzte Herrschaft gerichtet. Die Qadariten forderten also die für alle Gläubigen geltende Verantwortlichkeit ihres Handelns vor Gott auch gegenüber den omaijadischen Herrschern ein. Die frühe religiös vorgetragene politische Opposition mußte die Gläubigen und deren Gebet für das gottgeleitete Kalifat verwirren und damit auch den Zusammenhalt der gesamten Gemeinde gefährden. Verantwortlich dafür war der Umstand, daß die Vertreter der Qadariten noch nicht imstande waren, ein schlüssiges Gottesbild zu formulieren, mit dem sich die Botschaft des Korans von der göttlichen Vorherbestimmung allen Weltgeschehens mit dem Postulat der Selbstverantwortung menschlichen und politischen Verhaltens vereinbaren ließ. Es ist jedoch kein Zufall, daß der Einfluß der Qadariten mit der Ablösung der Herrschaft der Omaijaden durch das Kalifat der Abbasiden (750 n. Chr.) verebbte. Die theologischen und politischen Sektierer sollten jedoch den Pfad für die nachfolgende theologische Kontroverse anlegen, die immer zugleich auch eine politische Kontroverse bleiben sollte.

Das offen gebliebene Spannungsverhältnis zwischen Willensfreiheit und Vorherbestimmung wurde von der Schulrichtung der rationalen Theologie aufgegriffen, deren Vertreter schon früh als „Mutaziliten" bezeichnet wurden, was als „die sich Absondernden" verstanden werden kann. Ihr Antrieb war primär theologischer Natur. Religiöse Fragen sollten mit Hilfe des Verstandes geklärt werden. Vor dem Hintergrund der Bürgerkriege und religiösen Spaltungen wurde ein Einheitsislam angestrebt, weil doch alle Menschen unabhängig von der Zugehörigkeit zu Stämmen oder Völkern mit dem gleichen Verstand ausgestattet seien. Das Streben nach einem Einheitsislam erklärt, weshalb die Lehre der Mutaziliten Anfang des 9. Jahrhunderts zum Staatsdogma erklärt wurde (vgl. *Halm* 2000, S. 35). Das Postulat des selbstverantwortlichen und freien Handelns verlangte ein modifiziertes Gottesbild. Die Mutaziliten dachten Gott als transzendentes Wesen, das frei von menschlichen Zügen sei. Gott habe die Welt zwar geschaffen, aber eine Annäherung an ihn als Wesen jenseits der Welt sei nicht möglich (vgl. *Grunebaum* 1986, S. 91 f.; *Nagel* 1994, S. 95 ff.). Die Mutaziliten bestritten sogar das Dogma von der ewigen Existenz des Korans, der vielmehr in der Zeit geschaffen worden sei. Mit dieser These wollten sie eine Bresche für die vernunftgeleitete Auslegung der göttlichen Offenbarungen schlagen. Als heikles Problem erwies sich ihr Gottesbild, das partiell im Widerspruch zu den Offenbarungen des Korans stand, wonach Gott als allmächtiger Schöpfer, Lenker und Richter des Weltgeschehens fungiert. Die Ideen der Transzendenz und der Immanenz Gottes ließen sich nicht vereinbaren, denn Gottes Gericht und Urteil über das Heil der Individuen bezogen und beziehen sich ja auf das irdische Dasein und Verhalten der Menschen. Damit war das Scheitern der rationalen Theologie vorgezeichnet.

Die theologische Gegenrichtung, die zwischen dem 9. und 11. Jahrhundert zum Sunnitentum zusammengefaßt und dogmatisiert wurde, interpretierte die Willensfreiheit im Sinne der Unterwerfung des Willens und Verstandes der Gläubigen unter das allmächtige Walten Gottes. Der Verstand sollte dafür genutzt werden, die Offenbarungen Gottes, wie sie im Koran und in den überlieferten Aussprüchen und Handlungen des Propheten zugänglich sind, zu interpretieren und zu befolgen. Die Offenbarung sei Ausdruck der göttlichen Rationalität, die der menschlichen Vernunft und Philosophie überlegen sei. Vernunft wurde also für den Glauben instrumentalisiert, so daß Vernunft und Glauben verschmelzen. Mit dem Dogma, daß Vernunft sich im Glaube vollendet, war ein Argument geschmiedet, mit dem sich die Dominanz der göttlichen Regelwerke absichern und die vernunftgeleitete Gestaltung der Regeln durch die Menschen blockieren ließ. Die Auffassung, daß „...Philosophie und Offenbarung Nebenbuhler sind, die nicht gleichzeitig bestehen können, sondern einander zur Unterwerfung zu zwingen trachten, gehört zu den Grundtatsachen der islamischen Geistesgeschichte" (*Nagel* 1994, S. 167).

Die verschiedenen Versuche, die antike griechische Philosophie in das islamische Denken zu integrieren, schlugen daher fehl. Paradoxerweise profitierte von den frühen theologischen und philosophischen Kontroversen am meisten das frühmittelalterliche christliche Europa, das erst über die islamische Herrschaft in Südspanien mit der klassischen griechischen und insbesondere der aristotelischen Philosophie vertraut wurde und sie später zum Ausbau der europäischen Zivilisation nutzte. Die Lehre der Mutaziliten konnte nur in der frühen Herrschaftszeit der Abbasiden zum Staatsdogma aufsteigen. Ab Mitte des 9. Jahrhunderts setzte sich das Sunnitentum durch. Es versprach eine überzeugendere theologische Grundlage, um die Einheit innerhalb der islamischen Glaubensgemeinschaft zu sichern. In dem sunnitisch geprägten Gottes- und damit auch Weltbild fand die große Mehrheit der Muslime bis heute ihre Orientierung. Aber auch die Schiiten waren und blieben Gegner der rationalen Theologie. Wie *Nagel* (1988, S. 16) feststellt, konnte das Sunnitentum zwar ein kohärentes Gottesverständnis formulieren und die im Koran angelegten Widersprüche zwischen Selbstverantwortung und Vorherbestimmung intellektuell vereinbaren, allerdings nur um den Preis der beklemmenden Beschneidung der Möglichkeiten der freien und vernunftgeleiteten Deutung und Gestaltung menschlichen Handelns. Koran und Sunna wurden folgerichtig als göttliche Offenbarungen und damit als unverrückbare Wahrheiten dogmatisiert.

Da der Koran nicht für alle praktischen Probleme des expandierenden islamischen Staatsgebildes Lösungen offerierte, mußte die Sunna, also die verläßlich überlieferten Aussagen und Handlungen des Propheten, aufgewertet werden. Bereits zwischen 750 – 850 n. Chr. entstanden Sammlungen der verbürgten Prophetentraditionen (Hadithe), die mehrere tausend seiner Aussagen und Handlungen auflisteten. Da sie als gottgeleitete Anweisungen angesehen wurden, erhielten sie das Siegel der verbindlichen Geltung. Für die Kodifizierung des islamischen Rechts galten und gelten sie bis heute als originäre Quelle. Allein wegen der Vielzahl der gesammelten Anweisungen und Traditionen haben sie für die Systematisierung der Scharia, also des göttlichen Rechts, die maßgebliche Anleitung gespielt und haben darüber das kollektive islamische Bewußtsein der Gläubigen geprägt (*Halm* 2000, S. 41).

6. Entwicklung und Eigenarten des islamischen Rechts

Das theologische Dogma der Einheit von Glaube und Vernunft, nach dem die menschliche Vernunft gegenüber der göttlichen Vernunft nicht recht haben, sondern sich nur den göttlichen Vorgaben unterwerfen könne und solle, hat die Entwicklung des islamischen Rechts entscheidend geprägt. Es ist kein Zufall, daß zwei der klassischen Kompendien der Prophetentraditionen von Rechtstheologen (*Hanbal* und *Malik*) stammen, die sich zugleich als Gründer von zwei der vier klassischen sunnitischen Rechtsschulen profiliert haben.

Während der frühen Herrschaft der vier rechtgeleiteten Kalifen bestand noch kein politischer Bedarf für die Entwicklung eines originär islamischen Rechts. Die politische Führung konnte mittels des Verweises auf die offenbarten Regeln des Korans und auf das Vorbild der Prophetenführung rechtlich legitimiert und durchgesetzt werden. Schon früh trat bei strittigen Fragen als weitere Stütze der Rechtsauslegung der Konsens der Rechtsgelehrten als Vertreter der islamischen Gemeinde hinzu. Legitimiert wurde der Konsens mit der koranischen Aussage des Propheten, daß die Gemeinde in einem Irrtum nicht übereinstimmen könne und deshalb die göttlichen Vorgaben richtig auslegen und anwenden werde.

Mit der weiteren Vergrößerung des islamischen Reichs durch die Kalifen der Omaijaden und später der Abbasiden-Dynastie mußte auch das Recht ausgebaut werden. Dies geschah zuerst durch gläubige Privatgelehrte, die meist losgelöst von offiziellen Ämtern, oft sogar in Opposition zur Macht der Kalifen und den von ihnen eingesetzten Provinzgouverneuren, sich um die Begründung einer islamischen Rechtslehre bemühten. Erst während der Periode der Abbasiden-Dynastie kam es zur stärkeren Zusammenarbeit von Kalifat und den Theologiejuristen. Die Herrscher übernahmen für die politische Verwaltung ihrer Regionen die Grundsätze und Systematik der Rechtsgelehrten, die sich ihrerseits stärker an den amtlichen Rechtsgeschäften als Minister, Gutachter oder Richter beteiligten. Das Rechtssystem, das sich in den ersten Jahrhunderten der islamischen Herrschaft herausbildete, macht den Korpus der Scharia, also des islamischen, heiligen Rechts aus. Die Prinzipien der Begründung und Auslegung der Rechtsnormen waren von Anfang an einfacher und weitgehend einheitlicher Natur (vgl. *Schacht* 1964).

Als primäre Quellen des Rechts gelten der Koran, die Sunna und der Konsens der islamischen Rechtsexperten. Der Koran besitzt als Quelle des göttlichen Rechts die höchste Autorität. Die hierin enthaltenen Rechtsnomen und Pflichten haben das Siegel ewig gültiger Regeln. Der Koran (45,19) stellt dazu fest, daß Gott seinen Gesandten *Mohammed* für das göttliche Gesetz auserwählt habe, das deshalb zu befolgen sei. Von den koranischen Suren enthält ein knappes Drittel rechtlich relevante Postulate und Normen, die zumeist in Form von Geboten, daneben auch in Verbotsform formuliert sind. Charakteristisch ist die Anweisungsform, wie z. B. „Haltet die Verträge!", „Wenn ihr meßt, so gebt volles Maß und wiegt mit richtigem Gewicht!", „Seid gut zu Witwen und Waisen!", wobei die Nichtbefolgung der Anweisungen nur fallweise mit Sanktionen verbunden ist. Es sind primär Appelle an ein moralisch gottgefälliges Verhalten, dessen Bilanz vom Jüngsten Gericht erstellt und bewertet wird.

Einen vergleichbaren Status wie der Koran genießt die Sunna als Gesamtheit der verbürgten Aussagen und Handlungen des Propheten, die als gottgeleitete Anweisungen gelten. Die beiden primären Quellen werden durch den Konsens der Rechtsgelehrten um eine weitere primäre Rechtsquelle ergänzt, deren Hauptfunktion in der Klärung strittiger Vorgaben des Korans und der Sunna besteht.

Als sekundäre Rechtsquelle gilt das Prinzip des Analogieschlusses, nach dem die Regelung neuer Rechtsprobleme sich zuerst an ähnlich gelagerten Präzedenzfällen in den originären Quellen zu orientieren hat und analog auszulegen ist. Für diejenigen Rechtsprobleme, für deren Belegung sich keine analogen Präzedenzfälle finden lassen, wird als ergänzende Rechtsquelle das Prinzip der eigenständigen Urteilsfindung (Idjtihad) durch gläubige Rechtsgelehrte in Erwägung gezogen, das jedoch in den einzelnen Rechtsschulen der Sunniten und Schiiten kontrovers bewertet wird. Während die orthodoxe sunnitische Rechtsmeinung der Zulässigkeit einer eigenständigen Urteilsfindung eher ablehnend gegenübersteht, wird sie in der schiitischen Rechtsmeinung prinzipiell, wenn auch mit Einschränkungen bejaht. Die schiitischen Schulen betonen darüber hinaus die Urteilsfindungen ihrer Führer. Abgesehen von diesen strittigen, für die rechtliche und zivilisatorische Entwicklung jedoch hochbrisanten Positionen, besteht zwischen den sunnitischen und schiitischen Rechtslehren Konsens über die Gültigkeit der originären bzw. sekundären Rechtsquellen und deren Relevanz für die Rechtspraxis.

Die diffizilen Unterschiede zwischen den klassischen Rechtsschulen können hier nicht ausgebreitet werden. Erwähnt seien lediglich die vier großen Schulen des orthodoxen sunnitischen Islams, die nach den Namen ihrer Gründer benannt und unterschieden werden in den Hanafismus, den Malikismus, den Schafiismus und den Hanbalismus.

Der Hanafismus, der heute in Pakistan, in Zentralasien bei den Turkvölkern sowie in Kernländern des ehemaligen Osmanischen Reichs einflußreich ist, verkündete eine relativ flexible und offene Rechtsdogmatik, zu der die reservierte Anerkennung des Prinzips der selbständigen Rechtsfindung gehörte.

Der Malikismus, der heute in einigen nordafrikanischen Ländern einflußreich ist, entstand in Medina und betonte daher den Konsens der Gemeinde bzw. der Rechtsgelehrten. Vergleichsweise zum Hanafismus ist er als konservativ zu bewerten.

Der Schafiismus, der heute teils in Ägypten, in ostafrikanischen Staaten sowie in Indonesien verbreitet ist, betonte neben dem Koran die Autorität der überlieferten Prophetentradition. Insofern war er traditionalistisch orientiert und behinderte die Fortentwicklung des islamischen Rechts.

Das gilt noch mehr für den Hanbalismus, der in Saudi-Arabien oder in kleineren Golf-Staaten von Einfluß ist. Er anerkannte als legitime Rechtsquelle einzig den Koran und die Sunna und ist insofern als traditionalistisch oder gar fundamentalistisch zu bewerten.

Abgesehen von den unterschiedlichen methodischen und verfahrensmäßigen Auffassungen und Prinzipien, überwogen der gegenseitige Respekt und Konsens der Rechtsgelehrten, die sich sämtlich als rechtgläubige Anhänger der Tradition und der Gemeinschaft, damit als Sunniten verstanden. Auch in den später präsentierten Weiterentwicklungen der klassischen Rechtsschulen stand die Überschreitung des sakralen Rechts nie wirklich zur Diskussion und zur Disposition. Die vereinzelten Versuche, das islamische Recht als Vernunftrecht im Sinne des Gesellschaftsvertrags zwischen gleichberechtigten und rationalen Individuen zu konzipieren, wurden stets als religiöses Sektierertum oder sogar als Apostasie gebrandmarkt. Als gefährliches Einfallstor wurde instinktiv das in verschiedenen Rechtsschulen vorsichtig andiskutierte Prinzip der selbständigen Rechts- und Urteilsfindung erkannt, weil davon die Modifizierung oder gar die Verdrängung des heiligen Rechts durch das vernunftgeleitete Recht befürchtet wurde, von der zugleich Gefahren für die Einheit und Einzigartigkeit der islamischen Gemeinde befürchtet wurden. Darauf wird noch einzugehen sein.

Zuvor sollen nur einige konkrete Rechtsnormen der Scharia vorgestellt werden, die sich auf die Ordnung der islamischen Wirtschaft beziehen: Das Wirtschaftsrecht ist nur rudimentär und unsystematisch geregelt. Die Wirtschaft gilt als organischer Bestandteil des islamischen Gemeinwesens und ist demgemäß nach den göttlichen Geboten zu ordnen. Das maßgebende Ordnungsprinzip ist das Prinzip der Einheit (tauhid) in Form der Einheit von Glauben und wirtschaftlichem Handeln, der Einheit von Religion, Staat und Wirtschaft, damit letztlich auch der Einheit von Diesseits und Jenseits. Aus dieser theonomen Einheitsidee lassen sich einige Grundsätze einer islamischen Wirtschaftsethik ableiten, die sich sowohl auf das Wirtschaftsverhalten als auch auf die Ordnung einzelner Teilbereiche wie der Eigentums-, Vertrags-, Steuer-, Sozial-, der Geld- und der Kreditordnung beziehen (vgl. *Rodinson* 1986; *Pryor* 1985; *Nienhaus* 1982; *Ghaussy* 1986).

Der letzte Eigentümer aller Güter dieser Welt ist Allah, der den Menschen ein eingeschränktes Verfügungs- und Nutzungsrecht verliehen hat. Dieses Basisprinzip schließt die Anerkennung des kollektiven und des privaten Eigentums ein. Das Primat des Kollektiveigentums gilt für wichtige Naturressourcen, z. B. für Bodenschätze, Wasser oder Wälder. Gegenüber diesen Gemeinschaftsgütern genießt das Privateigentum Priorität. Es ist für alle Güter legitim, die durch individuelle Leistungen produziert sowie auf legitime Weise erworben oder auch vererbt worden sind. Die privaten Verfügungs- und Nutzungsrechte sollen jedoch den Prinzipien des Gemeinwohls und der Solidarität verpflichtet sein, deren Gehalt sich aus der Befolgung religiöser Normen und Pflichten ergibt. So soll das Vermögen nicht für die Befriedigung überzogener luxuriöser Bedürfnisse verwendet werden. Der Konsum von Alkohol, Drogen oder Schweinefleisch ist verboten, wie der Koran generell zum mäßigen Konsum mahnt.

Die Unternehmer sollen gerechte Löhne zahlen, angemessene, ortsübliche Preise verlangen und normale Gewinne anstreben. Ungerechtfertigte Gewinne auf Kosten anderer Geschäftspartner sind unzulässig. Dazu zählen Betrug, Diebstahl, Spekulation,

Preistreiberei in Notsituationen und andere gewinnträchtige Irreführungen. Die einzelnen Verbote von Geschäfts- und Handelspraktiken reflektieren die Erfahrungen des Propheten in seiner Rolle als Karawanenhändler und als Gemeindeführer in Medina, wo er für die Existenzsicherung vor allem seiner nach Medina ausgewanderten Gefolgschaft verantwortlich war. Aufgrund dieser praktischen Erfahrungen ist der Islam dem wirtschaftlichen Leistungsstreben, dem Handel und folglich auch der Produktion für den Markt prinzipiell positiv gesinnt (vgl. *Rodinson* 1986, S. 41).

Zwei häufig und kontrovers diskutierte Besonderheiten seien noch kurz erwähnt. Die erste ist der Zakat als Teil der fünf Grundpflichten (neben Glaubensbezeugnis, Gebet, Fasten und Pilgerfahrt). Es handelt sich um eine Abgabe, die sich am Vermögensbestand bzw. -ertrag bemißt und an die im Koran konkret benannten unterstützungsbedürftigen Personen abzuführen ist. Dazu zählen Arme und Bedürftige, Schuldner, die ohne Fehlverhalten in Not geraten sind, mittellose Reisende und Pilger, freizukaufende Sklaven, Konvertiten, Kämpfer für den Islam und schließlich die Verwalter des Zakat. Neben dem allgemeinen Postulat der Solidarität erklärt sich die Abgabe durch die wirtschaftliche Notlage einiger und insbesondere der aus Mekka ausgewanderten Gemeindemitglieder, die auf Unterstützungen durch wohlhabende Personen angewiesen waren. Die Abgabenhöhe ist im Koran selbst nicht genau festgesetzt. Ursprünglich waren 2,5 v.H. des Vermögens sowie abgestufte Abgabensätze der jährlichen Nettoerträge abzuführen. Die Verwendung der Abgaben war und ist zweckgebunden. Sie dürfen also nicht zur Finanzierung beliebiger Staatsaufgaben verwendet werden. Heute ist der Zakat an den Staat abzuführen und repräsentiert daher eine Art Sozialsteuer.

Die zweite Besonderheit des islamischen Wirtschaftsrechts stellt das Zinsverbot dar, das mehrfach im Koran ausgesprochen wird. Ursprünglich betraf das Verbot die Praxis der Notkredite, die etwa im Falle von Mißernten aufgenommen werden mußten und deren Schuldsumme gemäß den Geschäftsusancen sich verdoppelte, wenn die Kredite am Fälligkeitstermin nicht zurückgezahlt werden konnten. Diese als Wucher empfundene Belastung trieb viele Schuldner in Not, häufig sogar in die Sklaverei. Der altarabische Begriff „riba" meint wohl diesen Wucherzins, der im Koran eindeutig verboten ist. Der lange Disput über die Auslegung des Begriffs hat insoweit zum Konsens geführt, als Kreditverträge zu verbieten sind, die vorher festgesetzte Kapitalzuwächse oder vorher festgesetzte Zinsen beinhalten. Da Kapital auch in einer islamischen Wirtschaft ein knappes Gut ist, besteht das ökonomische Problem weniger im Zinsverbot als vielmehr im Finden eines Zinsersatzes und damit eines Preises für Kapital. Als wichtigstes Substitut haben sich Vereinbarungen über prozentuale Erfolgsbeteiligungen entwickelt. So ist es erlaubt, daß ein Kreditgeber, z. B. eine Bank, ein spezifisches Projekt finanziert und nach dessen Fertigstellung prozentual am Gewinn oder Verlust beteiligt wird. Im Falle mehrerer Kapitalgeber gilt es als legitim, wenn die Gewinnbeteiligungen variabel vereinbart und die Verluste anteilig aufgeteilt werden. Eine zulässige und übliche Praxis bilden auch zinslose Handelsgeschäfte, bei denen der Kreditgeber für den Kreditnehmer Waren kauft und an diesen mit einem Preisaufschlag dann verkauft. Damit wird der Zins zwar formal, nicht jedoch faktisch vermieden. Der kreativen Umgehung fest vereinbarter Zinszahlungen standen und stehen bis heute also viele Wege offen. (vgl. *Saeed*

1996). Deshalb ist im Zinsverbot wie auch in anderen Vorgaben der Scharia zur Wirtschaft kein gravierendes Hindernis für die Wirtschaftsentwicklung zu vermuten.

Insgesamt ist der wirtschaftsordnungsrelevante Gehalt der Scharia als mager zu bezeichnen. Es dominieren ethische Appelle für ein gottgefälliges Verhalten der Wirtschaftssubjekte in ihrer Rolle als Produzenten, Händler, Makler, Konsumenten oder als Verwalter der Gemeindeangelegenheiten. Die eher unsystematischen wirtschaftsethischen Gebote und Verbote lassen sich mit *Ghaussy* (1986, S. 274) dahingehend zusammenfassen, „... daß die aus den Inhalten der klassischen Lehre abzuleitende Wirtschaftsordnung des Islams weitgehend einer Marktwirtschaft mit dem Imperativ des sozialen Ausgleichs – also der ‚sozialen Marktwirtschaft' – am nächsten kommt."

Die von daher naheliegende und vorherrschende Auffassung, daß der Islam der Entfaltung einer funktionsfähigen Marktwirtschaft nicht im Wege stehe, ist aus zwei Gründen voreilig und oberflächlich. Sie berücksichtigt erstens nicht die Einbettung der Wirtschaft in das gesamte Institutionengefüge. Sie übersieht zweitens die umfassende und ungebrochene Sakralisierung dieses Gefüges und der davon geprägten gesellschaftlichen und wirtschaftlichen Prozesse.

Die ungebrochene religiöse Befangenheit des Denkens wird in den Bemühungen und Diskussionen zur Formulierung einer zeitgemäßen islamischen Ökonomik deutlich. Diese Entwicklung ist bemerkenswert, weil die ökonomische Theoriediskussion nicht mehr wie noch vor einigen Jahrzehnten von Rechtstheologen, sondern zunehmend von Ökonomen dominiert wird, die mit dem Wissensstand der westlichen Wirtschaftstheorie vertraut sind (vgl. *Nienhaus* 1985). Die beteiligten islamischen Ökonomen sind durchgehend der methodischen Prämisse verpflichtet, daß der Koran und die Sunna als die primären Quellen der wahren Erkenntnis ökonomischer Zusammenhänge zu gelten haben. Methodisch liegen diese Quellen der Diskussion als Rechtfertigungsquellen zugrunde, die allenfalls zeitgemäß zu interpretieren seien. Organisatorisch kommt das in dem Verständnis der islamischen Ökonomik als Spezialgebiet der islamischen Rechtswissenschaft und in der Eingliederung der Ökonomiefakultäten in die Rechtsfakultäten zum Ausdruck, wobei die wirtschaftswissenschaftlichen Veröffentlichungen fast ausnahmslos der Zensur durch die Rechtstheologen unterstehen. Das mag erklären, daß der Großteil der Veröffentlichungen sich mit dem Zinsverbot und mit der sich daraus ergebenden Theorie einer zinslosen Wirtschaft beschäftigt. Daneben finden sich vorsichtige Ansätze zur Begründung einer speziellen islamischen Ökonomie, in der methodisch der selbstinteressierte (westliche) „homo oeconomicus" negiert und durch den religionskonformen „homo islamicus" ersetzt wird. Dazu findet sich etwa bei *Siddiqui* (1972, S. 90) folgende Definition: „A rational Islamic individual would order his behaviour with a view to achieving maximal conformity with the Islamic norms." Das Verständnis der ökonomischen Rationalität variiert nur das offensichtlich unerschütterliche Dogma, wonach sich Vernunft im wahren Glauben vollendet. Mit diesem Rationalitätsverständnis wird der Erkenntnisstand der modernen Ökonomie in Frage gestellt, ohne daß bisher eine eigenständige islamische Ökonomie auch nur ansatzweise zu erkennen ist (vgl. z.B. *Chapra* 2000).

Die islamische Ökonomie unterliegt also analogen religiös-dogmatischen Restriktionen wie die islamische Rechtswissenschaft, die im göttlichen Recht die nicht hinterfragbare Richtschnur für die Rechtspraxis sieht. Auch wenn die Übereinstimmung der Scharia mit der Rechtspraxis in den islamischen Ländern die Ausnahme war und bis heute ist, so dominierte jedoch durchgängig die Auffassung, daß die Scharia die Rechtssetzung und Rechtssprechung anleiten sollte. Insofern standen und stehen sakrales und säkulares Recht in einer engen Koexistenz.

Gemessen am westlichen Rechtsverständnis weist das klassische islamische Recht, ungeachtet des hohen Systematisierungsgrades, Defizite auf (vgl. *Klingmüller* 1980; *Noth* 1980;) Es vermengt rechtsmaterielle mit rechtsprozessualen Fragen sowie öffentliche, private und strafrechtliche Rechtssphären. Als einzig klare Trennung der Rechtsbereiche ist die Zweiteilung der Beziehungen der Menschen zu Gott und der Beziehungen der Menschen untereinander auszumachen. Der erste Bereich regelt die religiösen Pflichten und Rituale der Gläubigen. Der zweite Bereich regelt primär privatrechtliche Fragen des Ehe-, Erb-, Personenstands- oder Obligationenrechts, vermischt mit Speise-, Schlacht- und anderen alltäglichen Verhaltensvorschriften. Das öffentliche Recht zu Fragen der Staatsverfassung und der Verwaltung ist nur rudimentär geregelt und seinerseits nur unscharf vom Straf- und Kriegsrecht getrennt. Alle Rechtssphären kennen zudem eine differenzierte Rechtsgeltung zwischen gläubigen Muslimen, buch- oder schriftbesitzenden nichtmuslimischen, aber monotheistischen Gläubigen und polytheistischen (beigesellenden) Ungläubigen. Selbst wenn man die Scharia an ihrem eigenen Anspruch mißt, eine verbindliche, weil göttlich vorgegebene Ordnung aller Lebensbereiche anzubieten, kann sie mit *Noth* (1980, S. 426) schon deshalb als „defektive" Rechtsordnung bewertet werden.

Die Ursachen dafür wurden teilweise schon angeführt und seien noch einmal zusammengefaßt. Mit *Klingmüller* (1980, S. 406) ist der eigentliche „Geburtsfehler" des islamischen Rechts darin zu sehen, daß es im Unterschied zum europäischen Recht nicht aus der Staatsräson, sondern aus der Religion und deren Indienstnahme für die Begründung einer neuen Ordnung des Zusammenlebens der gläubigen Muslime entstanden ist. Wie dargestellt, mußte Mohammed in seiner Rolle als Führer in Medina Konzessionen an das tribale Gewohnheitsrecht machen, dessen Inhalte in der Scharia unübersehbar sind. Von daher erklärt sich, weshalb das öffentliche Recht und insbesondere das islamische Verfassungs-, Staats- und Verwaltungsrecht unterentwickelt und dem archaischen Vorbild eines „Superstammes" verpflichtet sind, der durch den gemeinsamen Glauben seiner Mitglieder zusammengehalten wird (vgl. *Tibi* 1995, S. 102).

Aufgrund der historischen Bedingungen erklärt sich auch die rechtliche Ungleichbehandlung von Männern und Frauen (z. B. im Ehe- und Erbrecht sowie bei der Glaubwürdigkeit der Zeugenaussagen) sowie von gläubigen Muslimen gegenüber den schriftbesitzenden monotheistisch Gläubigen und erst recht gegenüber den polytheistischen „Ungläubigen", für die in allen Rechtssphären unterschiedliche Regeln gelten. Wie erwähnt, kennt das islamische Recht keine klare Trennung zwischen sakralem und säkularem Recht und hierbei zwischen öffentlichen, privaten und strafrechtlichen Normen. Aufgrund seines sakralen Ursprungs kennt es auch keine zum westlichen Rechtsverständnis vergleichbare Trennung zwischen Moral und Recht als jeweilig autonome Sphären. Moral und Recht sollen gleichermaßen und einheitlich den göttlichen Gesetzen verpflichtet sein.

Ferner ist das im Koran und in der Sunna offenbarte Recht methodisch fast durchgehend in Form konkreter Regeln, bevorzugt in Anweisungsform, und nicht in Form abstrakter Regeln normiert. Abstrakte Regeln zeichnen sich nach *Hayek* (1981, S. 25 ff.) dadurch aus, daß sie keine verbindlichen Verhaltensziele vorgeben, sondern lediglich unerlaubte Handlungen verbieten. Sie sind also negativ formuliert. Die Verbote sollen legitime individuelle Freiheitsräume abgrenzen, innerhalb deren die Menschen gleichberechtigt eigene Ziele verfolgen und eigenes Wissen nutzen können. Konkrete Regeln beinhalten dagegen konkrete Verhaltensgebote, im Fall des islamischen Rechts also göttlich offenbarte und im Koran und in der Sunna vorgegebene Gebote, wodurch die individuelle Freiheit und die damit verbundene Verwertung eigener Fähigkeiten und Kenntnisse beschränkt werden.

Schließlich zeichnet sich das islamische Recht wie alle sakralen Rechtssysteme durch den dogmatischen Anspruch als absolut wahres, weil göttliches Recht und damit als ewig vorgegebenes und zu befolgendes Recht aus. Veränderungen des Rechts durch staatliche Rechtssetzung und richterliche Rechtssprechungen sind nur insoweit legitim, wie sie den ewig gültigen Vorgaben des Korans und der Sunna entsprechen. In diesem dogmatischen Wahrheitsanspruch ist eine wichtige Ursache für die Erstarrung der rechtlichen und der davon abhängigen gesellschaftlichen und wirtschaftlichen Entwicklung zu vermuten. Als Gewährsmann dafür sei *Maine* (1997) bemüht, der in seinem klassischen Werk über „Das alte Recht" die flexible Anpassungsfähigkeit als Kriterium zur Beurteilung eines Rechtssystems herausgestellt hat. Gemäß seiner Basisthese sei altes Recht nicht deshalb gut, weil es sich über einen längeren Zeitraum bewähren konnte. Sein eigentlicher Vorzug sei vielmehr in der Fähigkeit zu sehen, altes Recht an neue gesellschaftliche Veränderungen und Entwicklungen flexibel anzupassen. Gerade an dieser Fähigkeit ermangelt es dem islamischen Recht, das ja das Siegel des ewig geltenden Rechts beansprucht.

7. Folgen für den institutionellen Wandel

Der Exkurs in die Geschichte der islamischen Religion einschließlich des Rechts war erforderlich, weil in den ersten Jahrhunderten das islamische Gottesbild und damit auch das religiös geprägte Weltbild begründet wurden. Plakativ läßt sich das Weltbild als theonom-kommunitär bezeichnen (vgl. *Senghaas* 1998, S. 73). Es ist dem Glauben verpflichtet, daß es göttliche Regeln des menschlichen Zusammenlebens gebe, denen sich die Gemeinschaft der Gläubigen zu unterwerfen habe. Diese Überzeugung wird im Koran (3,111) mit der Aussage bekräftigt, daß die muslimische Gemeinde die beste sei, die je unter Menschen entstand. Diese sowohl von sunnitischen als auch schiitischen Rechtstheologen geteilte Überzeugung hat die Entwicklung des spezifisch islamischen Regelsystems bis heute geprägt.

Mit Bezug zu der in Kapitel 2 formulierten Basisthese können die Eigenarten des Regelsystems islamischer Länder nun präzisiert werden. Ausgangspunkt des Überblicks über die Entstehungs- und Entwicklungsgeschichte des Islams war die These, daß der Islam wenig Freiräume für die Entfaltung säkularer und pluraler Ideologien sowie für die vernunftgeleitete Gestaltung des Rechts läßt. Ideologisch gebundene und rechtliche

Institutionen bleiben Schattengewächse der Religion und damit des dominant religiös gebundenen Institutionengefüges. Verantwortlich dafür ist das, was *Raddatz* (2001, S. 85) die „sakrale Langzeitidentität" des islamischen Regelsystems nennt, dessen Besonderheit in der umfassenden „...Sakralisierung und Reglementierung des gesellschaftlichen und individuellen Lebens unter geistig-politischer Rückbindung an die Allmacht Allahs und die Urgemeinde" bestehe, durch die wiederum die offene und vernunftgeleitete Gestaltung der Regeln beschränkt werde. Diese Besonderheit erschließt sich nur aus einer langfristigen Retrospektive auf die Entstehungs- und Entwicklungsbedingungen des Islams.

Wie dargestellt, war die religiöse Botschaft von *Mohammed* ursprünglich an die Menschen und Verhältnisse in Mekka und in den umliegenden Gemeinden und Stämmen adressiert und auf die Veränderung der geltenden tribalen Regeln und Rivalitäten gerichtet. Seine Glaubensbotschaft enthielt zugleich die Botschaft einer neuen Ordnung des menschlichen Zusammenlebens, deren Regeln er dann in seiner Rolle als religiöser und politischer Führer präzisieren konnte und mußte. Er erwies sich als virtuoser Stifter einer neuen Religion und damit auch zugleich einer neuen Regelordnung. Sein Lebenswerk läßt sich mit Bezug zu *Max Weber* (1991, S. 200) in der „Durchbrechung des Sippenbandes" und in der Begründung einer überlegenen „Glaubens- und ethischen Lebensführungsgemeinschaft" würdigen; darin sah *Weber* die eigentliche ordnungsstiftende Leistung großer Religionen.

Auch wenn es *Mohammed* gelang, mit Hilfe der religiösen Botschaft eine neue Gemeinschaft zu begründen, so mußte er zu Lebzeiten den mächtigen Einfluß des Stammesdenkens anerkennen, dem er selbst noch verhaftet war, und Konzessionen an die Interessen rivalisierender tribaler Interessen machen. Der Islam blieb daher bis heute ein Monotheismus mit einem tribalen Gesicht. In allen islamischen Ländern erweisen sich die weitdefinierten familiären und tribalen Netz- und Regelwerke als wirksame Stützpfeiler des Zusammenlebens und des Vertrauens (vgl. *Khoury* und *Kostiner* 1990; *Tibi* 1995). Dominieren in den arabischen Kernländern tribale Regeln, so sind es in den asiatischen Ländern des Islams spezifische familiäre Regelbindungen. Ihre ungebrochene Ordnungsfunktion erklärt sich einerseits aus der islamischen Religion. Der Koran (49,13) stellt dazu fest, daß Gott die Menschen in Völkern und Stämmen erschaffen habe, auch wenn diese sich in der Gemeinschaft der Gläubigen vereinen sollen. Die von tribalen und ethnischen Zwistigkeiten motivierten blutigen Kämpfe um die Vorherrschaft in der islamischen Gemeinde und nicht zuletzt die Spaltung der Glaubensgemeinde in Sunniten, Schiiten und diverse Sekten sind Belege für die Schwierigkeit, tradierte Regelbindungen mittels der Religion zu durchbrechen. Das ist auch dem Islam nur unvollkommen gelungen.

Daneben ist die Persistenz der archaischen, emotional gebundenen Netz- und Regelwerke in der geringen zivilgesellschaftlichen Tradition und in der autoritären Staatsverfassung der meisten islamischen Länder zu vermuten, deren tiefere Ursachen in der islamischen Religion zu sehen sind. Allen Versuchen, eine neue Ordnung des Zusammenlebens mit Hilfe einer religiösen Botschaft begründen zu wollen, wohnt die Gefahr der Intoleranz gegenüber konkurrierenden Überzeugungen und den Vernunftargumenten inne. Die einende Kraft der Religion hängt davon ab, daß ihre göttliche Botschaft für wahr gehalten und deshalb geglaubt und befolgt wird. Der Wahrheitsanspruch hat jedoch eine aggressive Kehrseite, denn konkurrierende Religionen und Überzeugungen müssen als Unwahrheiten bewertet und auch bekämpft werden. Damit ist natürlich die Gefahr der Intoleranz und der Erstarrung der als wahr geglaubten und zu bewahrenden religiösen Offenbarungen verbunden. Diese Gefahr ist um so virulenter, je umfassender und konkreter die Religion über die elementare Glaubens- und Heilsfunktion hinaus Regelvorgaben für die gottgefällige Gestaltung des irdischen Zusammenlebens postuliert. Gerade der Anspruch einer umfassenden Lebensordnung zeichnet den Islam aus und markiert wohl den wichtigsten Unterschied zum Christentum (vgl. *Raddatz* 2001).

In der religiös gebundenen Einheit der Gemeinde der Gläubigen ist das prägende Muster des islamischen Weltbildes zu sehen, das wiederum das Denken und Handeln der gläubigen Menschen bestimmt. Dieses Weltbild hat sich über die Zeit als außerordentlich robust erwiesen. Es hat allen Versuchen widerstanden, die Rolle der Religion als primärer Ordnungs- und Integrationsfaktor zu relativieren und säkulare Übererzeugungen und Vernunftargumente als gleichberechtigte Ordnungsfaktoren zu akzeptieren.

Dazu gab es in der Geschichte des Islams verschiedene Anläufe, von denen einige schon dargestellt wurden. Es sei an den frühen Versuch der Mutaziliten erinnert, den Koran mit rationalen Argumenten und speziell mit Anleihen aus der klassischen griechischen Philosophie offen zu interpretieren. Dieses Vorhaben scheiterte aus den angeführten Gründen. Ein ähnliches Schicksal erlitten die frühen Versuche, das islamische Recht im Wege der selbständigen und vernunftgeleiteten Rechtssetzung und Rechtsfindung zu öffnen und an zeitbezogene Veränderungen anzupassen. Auch dieses Vorhaben scheiterte, was in der auf das 10. Jahrhundert zurückdatierten Überzeugung zum Ausdruck kommt, das „Tor der selbständigen Rechts- und Urteilsfindung (Idjtihad)" sei geschlossen (vgl. *Nagel* 1988, S. 9). Die große Mehrheit der Rechtstheologen war also schon früh davon überzeugt, alle wichtigen Rechtsfragen seien im göttlichen Recht hinreichend normiert, weshalb aktuelle Fragen nur im Geiste der bereits systematisierten Vorgaben zu lösen seien. Die eigenständige Veränderung der göttlichen Regeln habe deshalb als häretische Verfehlung zu gelten.

Diese frühen Beispiele finden ihre analoge Fortsetzung in den jüngeren Bestrebungen von Intellektuellen und Politikern, die islamische Orthodoxie gegenüber den wichtigen säkularen Gesellschaftsideologien westlichen Ursprungs zu öffnen und mit diesen zu versöhnen. Alle führenden Ideologien des 19. und 20. Jahrhunderts sind seit Ende des 19. Jahrhunderts in der islamischen Welt erprobt worden. Zu nennen sind die frühen Bewegungen in der Türkei und in Ägypten, liberale Ideologien in Gestalt des Rechtsstaates oder des monarchischen Konstitutionalismus zu praktizieren. Es gab Ende des 19. Jahrhunderts Bestrebungen von Persönlichkeiten wie z. B. *Al-Afghani* und dessen Schüler *Abduh*, säkulare Reformen im Namen eines panislamischen Modernismus zu propagieren und zu realisieren. *Abduh* strebte einen rationalen Islam an und wollte den entwicklungshemmenden Einfluß der vier mehr oder weniger dogmatischen Rechtsschulen brechen. Diese frühe Reformwelle (salafiyyah) verebte jedoch wirkungslos.

Im 20. Jahrhundert reicht das Spektrum reformistischer Reformbewegungen von säkular-liberalen Ideologien etwa im Iran und in der Türkei über nationalistische Ideologien bis hin zu sozialreformerischen und sozialistischen Ideologien vor allem in arabischen Ländern, wie z. B. in Ägypten (Nasserismus), in Syrien und im Irak (Ba'thismus) und in Libyen. Zu den Details dieser islamischen Modernisierungs- und Säkularisierungsideologien sei hier verwiesen auf *Büttner* 1971; *Ghaussy* 1986; *Robinson* 1987.

Alle Versuche, moderne westliche Ideologien mit dem Islam zu verbinden, sind gescheitert. Sie konnten allenfalls eine temporäre Alibifunktion zur Legitimierung autoritärer Machtansprüche einzelner Personen oder Parteien erfüllen, ohne je Wurzeln im Bewußtsein und im islamischen Weltbild der großen Bevölkerungsmehrheiten oder der Eliten zu schlagen. Dem islamischen Wahrheitsanspruch ermangelt es an der elementaren Begabung, sich für plurale Wertüberzeugungen und selbst für rationale, empirisch nachweisbare Erkenntnisse zu öffnen. Hierin ist die eigentliche Ursache für die Erstarrung der islamischen Welt- und Ordnungssicht zu sehen.

Noch aufschlußreicher ist jedoch die Tatsache, daß sich in den islamischen Ländern keine einflußreichen Parteien und Engagements zugunsten einer wirklichen Demokratisierung und Säkularisierung der politischen und gesellschaftlichen Verhältnisse entwickelt haben. Diese Tatsache ist deshalb erstaunlich, weil sich die Entwicklungen in der islamischen Welt deutlich von den demokratischen Bestrebungen jüngeren Datums etwa in Südamerika, Asien oder Osteuropa abheben. Nach wie vor sind die meisten islamischen und insbesondere die arabischen Länder als autoritär verfaßte und regierte Staaten zu bewerten. Plakativ formuliert können sie als „Geheimdienst-Staaten", als „Bunkerregime", als „Quasi-Staaten", als „tribale Flaggen-Staaten", oder als „nominelle Nationalstaaten" bezeichnet werden (vgl. *Tibi* 1995, S. 69 ff.; *Huntington* 1996, S. 280 f.). Die oligarchischen, militärdiktatorischen, monarchischen oder nominell demokratischen Regime sind als autoritär zu bewerten, weil der faire offene Wettstreit zwischen Parteien und damit zwischen pluralen Überzeugungen fehlt. Die wichtigste Opposition kommt von fundamentalistischen Bewegungen, deren gesellschafts- und staatspolitisches Leitbild sicherlich nicht die Errichtung einer demokratischen Ordnung ist. Die Resistenz des Islams gegenüber demokratischen und säkularen Ideen scheint ungebrochen. Wie *Jones* (1991, S. 210) bemerkt, erfolgten theologische Abweichungen und Sektenbildungen in der Geschichte des Islams üblicherweise nach rechts, „...in Richtung auf mehr Konservatismus, strenge Einhaltung der religiösen Vorschriften und Strenggläubigkeit". In Europa seien dagegen religiöse Abspaltungen von den etablierten Kirchen eher nach links, zugunsten der aktiven Mitwirkung von Laien in den Kirchengemeinden gegangen. Wie *Tibi* (1995, S. 87) lapidar feststellt, existiert in keinem nahöstlichen Land eine zivile Gesellschaft im modernen Sinne (vgl. auch *Arkoun* 2001; *Barakat* 2001).

Gemäß dem westlichen Verständnis zeichnet sich eine Zivilgesellschaft durch selbstverantwortliche Bürger aus, die ihre gemeinsamen Probleme möglichst selbstverantwortlich lösen, die Pluralität der religiösen und ideologischen Überzeugungen akzeptieren und die sich nicht primär als Vertreter unterschiedlicher Klassen, Religionen oder Ethnien, sondern als gleichberechtigte Mitglieder des Gemeinwesens verstehen. Sie sind bereit, sich aktiv in der Politik zu engagieren und die staatlichen Instanzen zu kontrollieren, wodurch die Politiker und Beamten selber stärker dem Gemeinwohl verpflichtet sind. Die wichtigste Voraussetzung für dieses zivilgesellschaftliche Engagement ist die Existenz einer autonomen Öffentlichkeit, die über öffentliche Medien die freie Diskussion konkurrierender Meinungen und Überzeugungen ermöglicht. Historisch war die Entstehung einer zivilgesellschaftlichen Öffentlichkeit mit einer Mindesttrennung von Religion, Rechtsstaat sowie einer autonomen Wissenschaft, Wirtschaft und Kultursphäre verbunden (vgl. *Gellner* 1995; *Kocka* 2000).

Im Islam stand und steht dieser Bedingung die Idee der Einheit von Religion, Staat und Recht und partiell auch von Wirtschaft und Wissenschaft entgegen. In dem theonom-kommunitären Gesellschaftsverständnis ist daher die eigentliche Ursache für die rudimentäre Existenz einer Zivilgesellschaft im modernen Sinne zu sehen. Gemäß diesem Verständnis konstituiert sich die ideale, gottgewollte Form des Zusammenlebens aus der Gemeinschaft der Gläubigen, die durch den gemeinsamen Glauben verbunden sind. Innerhalb der Gemeinschaft fungiert die ganzheitliche Lebensführung als Ideal. Das Gemeinschaftserlebnis findet im gemeinsamen Gebet der Gläubigen zu Gott und in der gemeinsamen Vollziehung der religiösen Rituale seinen Höhepunkt. Das Gebet soll sich weniger im persönlichen Gespräch mit Gott, sondern in der Beziehung der Gemeinschaft mit Gott vollziehen. Dazu gehört, daß die Abkehr vom islamischen Glauben als allerschlimmstes Vergehen gilt, das den Tod, mindestens aber den Ausschluß aus der Gemeinschaft verdient. Anders- oder gar Ungläubigen kann deshalb nicht der Status als gleichwertiger Mitbürger gewährt werden. Sie haben gleichsam den Status als Gast und genießen Gastrecht. Die islamische Gemeinschaft der Gläubigen versteht sich als exklusive und deshalb geschlossene Gemeinde, was ein abträglicher Nährboden für die Entfaltung einer modernen Zivilgesellschaft abgibt. Die Toleranz gegenüber Anders- oder Ungläubigen ist abgestuft, weil sie keine säkularen, sondern religiöse Wurzeln hat.

Auch innerhalb der Gemeinschaft der gläubigen Muslime stoßen die Toleranz und Akzeptanz pluraler Überzeugungen und Argumente auf Grenzen, wobei hier nicht die aktuellen politisch bedingten, sondern die religiös begründeten Begrenzungen interessieren. Die Toleranz endet faktisch dort, wo religiöse Wahrheiten und Regelvorgaben modifiziert oder gar in Frage gestellt werden. Dieses Tabu erstreckt sich auf alle für die Aufrechterhaltung der islamischen Ordnung relevanten Bereiche und Themen. Für den Wissenschaftsbereich sind solche Begrenzungen des freien Denkens bereits für die theologische und philosophische Diskussion, für die Rechtswissenschaft und für die islamische Ökonomik genannt worden. Auch die Künste, die Literatur und die diversen Kulturbereiche unterliegen einer mehr oder weniger strengen religiösen Zensur, die indirekt die Notwendigkeit zur Selbstzensur begründet.

Der sensible Bereich ist die offene Diskussion politischer Fragen des islamischen Gemeinwesens, die ja den Kern einer lebendigen Zivilgesellschaft ausmacht. Sie unterliegt schon aufgrund der vorherrschenden autoritären Regierungsformen starken Beschränkungen. Die auffallende Dominanz autoritärer Strukturen in den islamischen Staaten ist jedoch ein historischer Zufall. Wahrscheinlich hat die Idee der Volkssouveränität und der Demokratie im Islam deshalb nicht Fuß fassen können, weil nach dem Koran Allah der einzig legitime Souverän der islamischen Gemeinde repräsentiert. Damit verbindet sich ein Mißtrauen gegenüber der Demokratie und der ihr eigenen Legitimität von Mehrheitsentscheiden. Ihrer Akzeptanz steht die intuitive Befürchtung im Wege, mittels Mehrheitsentscheiden könnte die göttliche Gemeinschafts- und Regelordnung in ihrer Substanz unzulässig aufgeweicht und verändert werden (vgl. *Nagel*

1981, S. 223 ff.). Die Staatsverfassungen vieler islamischer Länder einschließlich der Staaten, die sich nominell als demokratische und säkulare Staaten verstehen, enthalten deshalb den konstitutionellen Vorbehalt, daß Recht und Gesetz nicht im Gegensatz zur Scharia stehen dürfen. Die Kontrolle darüber obliegt speziellen Gremien (Wächterrat, Konsultativrat), die von rechtstheologischen Autoritäten besetzt werden und die sich dem islamischen Prinzip der Beratung (Schura) der Herrscher verpflichtet fühlen (vgl. *Röhrich* 1999, S. 90 ff.).

Das der Scharia entsprechende Leitbild der politischen Ordnung ist die Vorstellung vom Gottesstaat nach dem Muster der Urgemeinde in Medina. Dieses Leitbild ist Teil des islamischen Weltbildes. Die Urgemeinde wird deshalb als Vorbild gesehen, weil sie den göttlich offenbarten Regeln entsprach und weil der Prophet sie unter göttlicher Anleitung geführt habe. Die staatliche Herrschaft kann daher nur in dem Maß als legitim gelten, in dem sie dem Vorbild der prophetischen Führung zu entsprechen vermag. Damit verbindet sich die Überzeugung, daß sich in der Befolgung der göttlichen Regeln die Einheit zwischen staatlichen Herrschern und dem gläubigen Volk quasi von selbst einstelle. Die konkrete Gestalt der Staatsverfassung erscheint deshalb als nachrangige Frage. Die Einheit zwischen Herrscher und Volk kann sowohl innerhalb autoritärer, oligarchischer, monarchischer oder demokratischer Herrschaftsformen zustandekommen, vorausgesetzt, die Souveräne und das Volk befolgen die im Koran und in der Sunna offenbarten und in der Scharia dogmatisierten Regeln. Das dem islamischen Weltbild eigene Staatsverständnis bringt *Nagel* (1981, S. 259) auf den Punkt: „Im Islam dagegen ist nur die Aufrechterhaltung der gottgewollten Ordnung von Belang, und man hat keine Form des Staates, die dies *a priori* am besten leisten könnte."

In der religiösen Gebundenheit des islamischen Institutionengefüges und damit des Denkens und Handelns ist das eigentliche Hindernis für die gesellschaftliche Regelteilung zu sehen. Demgemäß besteht der rechte Gebrauch des menschlichen Verstandes darin, sich den göttlichen Regeln des menschlichen Zusammenlebens zu unterwerfen. Falls Änderungen des Regelwerkes erforderlich sind, haben sie im Einklang mit den göttlichen Vorgaben zu erfolgen, wobei der menschliche Verstand allenfalls den rechten Weg für den Einklang weist.

Die z. B. von *Max Weber* (1976, S. 347) vertretene These, wonach dem Islam wegen des Glaubens an die göttliche Vorherbestimmung allen Welt- und Lebensgeschehens eine leichte Neigung zur fatalistischen Lebensführung innewohnt, macht nur Sinn in bezug auf die Regelebene und hier in bezug auf die Gestaltung der ideologisch gebundenen und der rechtlichen Regelwerke. Die Entwicklung der gesellschaftlichen Regelteilung bleibt im Schatten der religiösen Vorgaben befangen, wodurch die Ausdifferenzierung autonomer gesellschaftlicher Teilbereiche behindert wird. Auf die sich daraus ergebenden Konsequenzen für die wirtschaftliche Arbeitsteilung und Entwicklung wird im abschließenden Kapitel einzugehen sein.

Unsere Diagnose, daß die institutionelle Entwicklung in Richtung einer funktionalen Differenzierung der Gesellschaft in islamischen Ländern mit ihren dominant religiös geprägten Institutionengefügen auf inhärente religiöse Hindernisse stößt, bestätigt die in der Islamwissenschaft nach wie vor umstrittene und oben bereits angeführte These von *Max Weber*, der in der religiös bedingten Struktur der islamischen Staatengebilde, ihrer

Staatsverwaltung und ihrer Rechtsfindung das eigentliche Hindernis für ihre industriell-marktwirtschaftliche Entwicklung erachtete. Bestätigt wird auch der Befund von *Senghaas* (1998, S. 76), der in der „Religionsräson" des Islams die Ursache für die Entstehung und Verfestigung einer geschlossenen, kollektivistischen Gesellschaft sieht, der die mentalen und damit auch die institutionellen Auffangnetze für tatsächliche Pluralität fehlen. Schließlich sei die These von *Lipson* (1993, S. 258f.) genannt, der dem Islam unter allen großen Zivilisationen nur geringe Entwicklungs- und Modernisierungschancen einräumt, weil die islamischen Staaten und Völker noch immer an ihr religiöses Erbe gekettet seien.

Übersetzt in die Begrifflichkeiten der in Kapitel 1 vorgestellten Institutionentypologie, zeichnet sich das institutionelle Gefüge in islamischen Ländern zusammenfassend durch folgende Eigenarten aus:

- erstens durch die ungebrochene Geltung emotional und speziell tribal gebundener Regelwerke,

- zweitens durch die alle Bereiche prägende Dominanz religiös gebundener Regelwerke,

- drittens durch die rudimentäre Existenz und Geltung säkularer, also ideologisch gebundener Regeln,

- viertens durch die Koexistenz von sakralen und säkularen Rechtsregeln, wobei die Rechtssysteme insgesamt nur eine geringe Anpassungsfähigkeit sowie eine eingeschränkte, primär durch die autoritären politischen Strukturen bedingte Verläßlichkeit aufweisen,

- fünftens durch den so institutionell bedingten geringen Grad der funktionalen Differenzierung der Gesellschaft in autonome soziale Teilsysteme (Politik, Recht, Religion, Wirtschaft, Wissenschaft, zivile Öffentlichkeit etc.).

Mit dieser Grobcharakterisierung der genuin islamischen Elemente läßt sich die tatsächliche Vielfalt der Regelwerke in einzelnen islamischen Ländern nur unvollkommen erfassen. Bei allen kulturspezifischen und -vergleichenden Studien sind gewisse generalisierende Überlegungen unerläßlich. Wie *Landes* (1999, S. 423) kritisch gegenüber einigen Orientalisten bemerkt, gelangt man ansonsten zu einem „Sammelsurium von zusammenhanglosen Einzelinformationen". Das gilt auch für die Analyse der Wirkungen spezifischer Regelwerke, die stets problembezogener Natur ist. Fragen nach den sinn-, moral-, heils- oder ordnungsstiftenden Wirkungen des islamischen Institutionengefüges verlangen differenzierte Antworten. Unbestritten sollte sein, daß die islamische Religion überzeugende Anleitungen für die Sinnhaftigkeit der individuellen Lebensführung und für die gottgefällige Geordnetheit und Geschlossenheit des sozialen Zusammenlebens zu vermitteln vermag. Hier interessieren lediglich die wirtschaftlichen Wirkungen der islamisch geprägten Regelsysteme.

8. Folgen für die wirtschaftliche Entwicklung

Auch bei der Klärung dieses Zusammenhangs sind differenzierte Antworten gefordert. Die im Anhang angeführten Indikatoren über den wirtschaftlichen Entwicklungsstand der islamischen Länder vermitteln nur ein oberflächliches, wenn auch insgesamt negatives Bild über die wirtschaftliche Lage. Die Mehrzahl der Länder leidet unter wirtschaftlicher Armut (vgl. auch *Weltbank* 2000, S. 274 ff.). Die wenigen wohlhabenden Staaten, wie z. B. Saudi-Arabien, Oman oder Kuwait, verdanken ihren Wohlstand dem Reichtum an natürlichen Rohstoffen und speziell an Erdöl, dessen Beitrag zum Sozialprodukt jeweils auf mehr als zwei Drittel zu veranschlagen ist. In einigen asiatischen Staaten, wie z. B. in Malaysia oder in Indonesien, wäre es geboten, die Wirkungen des islamischen Regelsystems durch den faktisch dominanten Einfluß chinesischer Minderheiten in der Wirtschaft zu relativieren, der in beiden Ländern auf mehr als zwei Drittel veranschlagt wird. Auf solche, wenn auch interessanten Sondereinflüsse kann nicht eingegangen werden. Vielmehr sollen die ökonomischen Wirkungen des islamischen Institutionensystems in möglichst abstrakter Weise bestimmt werden. Die Erklärung dieses Zusammenhangs ist den Erkenntnissen der vorherrschenden Theorien des institutionellen und wirtschaftlichen Wandels verpflichtet, die sich zu folgenden Basisthesen verdichten lassen:

1. Der Grad der Teilung und Spezialisierung der Arbeit und damit auch der Fähigkeiten und des Wissens in Verbindung mit dem marktmäßigen Austausch der Güter waren und sind die entscheidenden Grundlagen der wirtschaftlichen Entwicklung. Arbeitsteilung und Markttausch entfalten sich regel- oder ordnungsabhängig.
Diese These gehört seit *A. Smith* zu den ökonomischen Grundwahrheiten und braucht an dieser Stelle keiner speziellen Begründung (vgl. *Smith* 1984, S. 5 f.; *North* 1992; *Leipold* 1998). Eine wichtige Ergänzung dieser These sei jedoch betont, die den Erkenntnissen der stärker soziologisch orientierten Modernisierungs- und Differenztheorien und hierbei insbesondere den kulturvergleichenden Studien von *Max Weber* verpflichtet ist (vgl. dazu *Leipold* 2002).

2. Die arbeitsteilige und marktwirtschaftlich organisierte Entwicklung setzt komplementäre Spezialisierungs- und Rationalisierungsprozesse in Staat, Recht, Verwaltung, Bildung, Wissenschaft und Technik und anderen gesellschaftlichen Bereichen voraus. Der Grad der gesellschaftlichen Regelteilung und die davon abhängige Differenzierung in relativ autonome Formen der gesellschaftlichen Arbeitsteilung markiert das eigentliche Problem der wirtschaftlichen Arbeitsteilung. Die maßgeblichen Gründe dafür sind in Kapitel 1 bereits genannt worden.
Mit *Max Weber* (1924, S. 270) läßt sich die Entwicklung der kapitalistischen Marktwirtschaft als komplementäres Beiprodukt der gesellschaftlichen Rationalisierungsprozesse verstehen, wobei das *Weber*sche Rationalisierungsverständnis nur ein anderes begriffliches Verständnis der Entwicklungsprozesse ist, die im Anschluß an *Durkheim* als funktionale Differenzierung der Gesellschaft in soziale Teilsysteme mit je eigenen Regelwerken charakterisiert werden (vgl. *Schwinn* 1995, S. 27; ferner *Schimank* 1996).

Zum Verständnis der Wirtschaftsentwicklung in den islamischen Ländern gilt es also, die Einbettung der Wirtschaft in das gesamte Regelwerk zu berücksichtigen. Wie dargestellt, ist ein markantes Merkmal der Regelwerke in islamischen und speziell den arabischen Ländern in der ungebrochenen Geltung tribaler bzw. großfamiliärer Regeln und Netzwerke zu sehen. Solche Regelwerke sind imstande, vertrauensverläßliche Beziehungen zwischen den Gemeinschaftsmitgliedern aufzubauen und so einen gewissen Grad an Arbeitsteilung und Spezialisierung zu ermöglichen. Der Vertrauensradius ist jedoch begrenzt, weil gegenüber den nichtverwandten oder fremden Personen Mißtrauen geboten ist. Tribale Regelwerke sind deshalb kein fruchtbarer Nährboden für die Ausbreitung verläßlicher marktwirtschaftlicher Transaktionen.

Wie *Max Weber* (1976, S. 382 f.) gezeigt hat, hemmen emotional gebundene Gemeinschaftsformen die freie Entfaltung anonymer, interessengeleiteter Marktbeziehungen, die in ihrer ursprünglichen Form eine Vergesellschaftung mit Fremden und der große Gegensatz zu allen emotionalen Beziehungen gewesen seien. Diese Auffassung ist durch ökonomische und ethnologische Studien vor allem in afrikanischen Ländern empirisch belegt (vgl. z. B. *Chabal* und *Daloz* 1999, S. 3 ff. und S. 124 ff.). Wirtschaftliche und andere soziale Beziehungen erfolgen im Rahmen tribaler Regelwerke primär gemäß dem Prinzip der Reziprozität, nach dem die Transaktionspartner für dargebotene Güter und Gefälligkeiten angemessene, nach dem Verwandtschaftsgrad abgestufte Gegenleistungen erwarten. Das wechselseitige Geben und Nehmen sind an dauerhafte soziale und personalisierte Beziehungen gebunden. Die Übergänge zwischen den Regeln der Reziprozität und denen der Vetternwirtschaft und Korruption in Staat und Verwaltung sind fließend. Üben Mitglieder des Stammes öffentliche Ämter in Politik und Verwaltung aus, so werden stammes- oder verwandtschaftsbegünstigende Entscheidungen als normales Verhalten erwartet. Die Fragmentierung der horizontalen Sozialbeziehungen wird durch die Fragmentierung der vertikalen Beziehungen in Staat und Verwaltung verstärkt. Weil auf das Recht und dessen Verwaltung kein Verlaß ist, suchen die privaten Wirtschaftssubjekte der staatlichen Ausbeutung und Willkür auszuweichen und informelle Beziehungen und Geschäfte aufzubauen. Da deren Vertrauensradius begrenzt ist, wird auch der Grad der wirtschaftlichen Arbeitsteilung und Spezialisierung in enge Grenzen verwiesen. Weil insbesondere risikoreiche Kapitalinvestitionen mit einem hohen Grad der Faktorspezifität im Verständnis von *Williamson* (1990) gemieden werden, dominieren arbeitsintensiv wirtschaftende kleine Familienbetriebe mit begrenzten Austauschbeziehungen einerseits oder aber unrentabel wirtschaftende und hochsubventionierte Staatsbetriebe andererseits, die begehrte Objekte der Rentensuche sind.

Die den emotional gebundenen Regelwerken eigene begrenzte Reichweite des Vertrauensradius kann durch gemeinsam geteilte religiöse Regeln erheblich erweitert werden. Der Beitrag des Islams zur Durchbrechung der engen tribalen Bindungen ist bereits mehrfach gewürdigt worden, wenngleich diese vor allem in den arabischen Ländern nur unvollkommen gelang. Das islamische Regelwerk zeichnet sich durch zwei Strukturmerkmale aus: einerseits durch die dauerhafte Geltung tribaler, großfamiliärer Bindungen, andererseits durch die alles überragende Stellung der Religion und der dazugehörenden Idee der Gemeinschaft der Gläubigen. Zwischen oder neben diesen beiden Stützpfeilern konnten sich weder die Regeln einer pluralen, säkularen Gesellschaft noch die Idee des Nationalstaates oder des demokratischen Rechtsstaates behaupten (vgl. *Lapidus* 1988, S. 3 f.; *Tibi* 2000; *Barakat* 2001).

Diese für das islamische Regelwerk eigentümliche Architektur sei an dieser Stelle noch einmal betont, weil sie in der Diskussion über die ökonomischen Wirkungen des Islams nur selten angemessen berücksichtigt wird. Die Auseinandersetzungen unter Ökonomen lassen sich auf zwei konträre Positionen reduzieren. Die eine und wahrscheinlich bis heute vorherrschende Seite vertritt die These, der Islam sei sowohl historisch als auch aktuell irrelevant für die Wirtschaftsentwicklung, während die andere Seite, wenn auch argumentativ verschieden, die Relevanz im Sinne eines entwicklungshemmenden Einflusses betont (vgl. als Übersicht *Kuran* 1997).

Als ein prominenter Vertreter der Irrelevanzthese sei *Rodinson* (1986, S. 41) erwähnt, der den Islam eher als leistungsbejahende Religion interpretiert: „Wirtschaftliche Tätigkeit, das Streben nach Gewinn, der Handel und folglich auch die Produktion für den Markt werden sowohl durch die Überlieferung als auch den Koran begünstigt." *Rodinson* weist auch die Auffassung von *Max Weber* zurück, der Islam begünstige eine leicht fatalistische Lebens- und Wirtschaftsführung. Soweit es in der Geschichte dafür Anzeichen gab, macht er dafür die den Bauern oder sonstigen Produzenten vom Staat oder den Grundbesitzern aufgezwungenen hohen Abgaben und Lasten verantwortlich, die jegliche Leistungsmotivation ersticken mußten. *Rodinson* (1986, S. 157) stellt daher fest: „Noch einmal, nichts von all dem hängt mit der mohammedanischen Religion zusammen." Auch das islamische Zinsverbot erachtet *Rodinson* (1986, S. 65) als irrelevant für die Wirtschaftsentwicklung, weil es in der Praxis meist durch raffinierte Schliche und Kniffe umgangen worden sei. Ähnlich fällt auch das bereits angeführte Fazit von *Weede* (2000, S. 171) oder von *Nienhaus* (1997, S. 367) aus, wonach die wirtschaftliche Stagnation mit der islamischen Religion nichts zu tun habe. In all diesen Analysen werden autoritäre oder despotische Herrschaftssysteme als der eigentliche Sündenbock für die wirtschaftliche Unterentwicklung ausgemacht, ohne jedoch die möglichen religiösen Hintergründe dafür zu erörtern (vgl. so auch *Jones* 1991, S. 212 ff.).

Die Vertreter der These von der entwicklungshemmenden Relevanz des Islams übersehen nicht die Tatsache, daß der Koran und die Scharia in den expliziten wirtschaftsethischen und wirtschaftsrechtlichen Bezügen keine unmittelbar fortschrittshinderlichen Doktrinen enthalten (so z.B. *Lewis* 1993, S. 347). Das Erkenntnisinteresse richtet sich stattdessen auf den ganzheitlichen Charakter des Islams und speziell auf sein geschlossenes Regelsystem. Im Einklang mit unserer Diagnose werden als Besonderheiten die relative Geschlossenheit des islamischen Weltbildes und die damit verbundene Einheit von Religion, Staat, Recht, Wirtschaft, Bildung und Wissenschaft herausgestellt und analysiert. Diese Einheitsidee sei durch die dargestellten frühen politischen, theologischen und rechtlichen Auseinandersetzungen zwischen dem 9. und dem 11. Jahrhundert zu einer geschlossenen Ideologie verfestigt worden. Die Folge waren die Erstarrung und Rückwärtsgewandtheit des Denkens und Handelns in allen gesellschaftlichen Bereichen, die mit dem Dogma des absoluten Wahrheitsanspruchs der göttlichen Offenbarungen und der damit verbundenen Ordnungsidee der idealen islamischen Gemeinschaft legitimiert wurden. Das Tor der selbständigen, vernunftgeleiteten Rechtsfindung blieb also schon früh nicht nur in der Rechtswissenschaft, sondern auch in anderen politisch und religiös sensitiven Wissenschaftsbereichen geschlossen. Der freie wissenschaftliche und noch mehr der freie öffentliche Diskurs kamen zum Erliegen und konnten sich bis heute nicht wirklich entfalten.

Die ökonomischen Konsequenzen des religiös dominierten und in sich geschlossenen Regelwerks sind bisher nur vereinzelt und eher unsystematisch analysiert worden. Erwähnt sei die Studie von *Greif* (1994) über die relative Effizienz von magrebhinischen und genuesischen Handelsorganisationen im späten Mittelalter. Zwischen den maghrebinischen Händlern, die jüdischer Herkunft in einem ansonsten islamischen Gemeinwesen waren, wurden die Geschäfte im Rahmen eines geschlossenen kollektivistischen Regelwerks abgewickelt. Die Geschäfte der genuesischen Händler wurden demgegenüber stärker von individuellen Motiven geleitet und erfolgten im Schatten des damals geltenden, ansatzweise rationalen Rechts, das durch private Absicherungen ergänzt wurde. Nach *Greif* war das genuesische vergleichsweise zum magrebhinischen Händlernetz deshalb erfolgreicher und interkulturell umfassender, weil die Vertrauensbeziehungen weniger auf engen verwandtschaftlich-religiösen Bindungen als vielmehr auf rationalen rechtlichen Bindungen und Vorkehrungen basierten. Dieses Ergebnis läßt sich dahingehend verallgemeinern, daß der Grad des arbeitsteiligen Tauschhandelns in gemeinschaftlich-religiös gebundenen und geschlossenen Regelwerken geringer ausfällt als in Regelwerken, die durch eine Vielzahl spezieller und sich ergänzender Bindungen gekennzeichnet sind und die den Wirtschaftssubjekten Raum für kreative Problemlösungen lassen.

In der Studie von *Kuran* (1997) werden die ökonomischen Wirkungen des öffentlichen Diskurses im Vergleich zwischen der islamischen und der westlichen Welt thematisiert. Er bestätigt für die islamische Welt die religiös dogmatisierte Begrenzung der freien und öffentlich ausgetragenen Konkurrenz von Überzeugungen, Meinungen und Theorien, in der er die eigentliche Ursache für die jahrhundertelange Persistenz ineffizienter Regelwerke erkennt. Die ökonomischen Wirkungen faßt *Kuran* (1997, S. 67) dahingehend zusammen, „... that the relative openness of the West's public discourse created an engine of growth that the Islamic world, because of its expressive constraints, failed to develop."

Die Relevanz einer pluralen und autonomen gesellschaftlichen Öffentlichkeit für die wirtschaftliche Entwicklung ist in den postsozialistischen Ländern deutlich geworden. Der Übergang zu funktionsfähigen Marktwirtschaften war in den „lateinischen" Ländern, die über eine rechtsstaatliche und zivilgesellschaftliche Tradition verfügen, erfolgreicher als in den „orthodoxen" Ländern, in denen diese Tradition sich geschichtsbedingt nicht entwickeln konnte (vgl. *Panther* 1998; *Leipold* 1999; *Wagener* 2001). In den zur griechisch-orthodoxen Religion gehörenden ost- und südosteuropäischen Ländern gab es in der vorsozialistischen Zeit keine Trennung zwischen Kirche und Staat und auch keine Entfaltungsräume für bürgerliche Freiheiten, für freie Städte und autonome Wissenschaften, für Aufklärung und für Rechtsstaatlichkeit. Die zum Rechtsstaat gehörende Teilung der politischen Gewalten und die Staatskontrolle durch unabhängige Gerichte blieben fremde Institutionen. Die Relevanz der verschiedenen Institutionengefüge für die unterschiedlichen Transformationserfolge ist unübersehbar. Ein Ergebnis des Vergleichs zwischen den lateinischen und orthodoxen Ländern faßt *Panther* (2001, S. 12) dahingehend zusammen, daß in „Ökonomien mit entwickelter Zivilgesellschaft mehr Verträge geschlossen (werden), d.h. mehr Möglichkeiten zu gegenseitig vorteilhaftem Tausch werden wahrgenommen. Somit werden Effizienz und Wachstum der Ökonomie begünstigt." Da in den islamischen Ländern faktisch keine offene Zivilgesellschaft existiert und Religion, Staat und Recht eng verbunden sind, ist auch hier ein im Institutionengefüge angelegtes Hindernis der wirtschaftlichen Arbeitsteilung zu vermuten.

Noch direkter als in der Wirtschaft sind die zivilgesellschaftlichen Wirkungs- und Kontrolleffekte für die Politik und die Staatsverwaltung zu veranschlagen. Das Engagement der Bürger und die Existenz einer autonomen Öffentlichkeit begünstigen eine rechtsstaatliche und gemeinwohlorientierte Politik, weshalb die freie Presse und Öffentlichkeit auch als vierte Gewalt bezeichnet werden (vgl. dazu generell *Weingast* 1993).

Der Begriff der vierten Gewalt ist für den Großteil der islamischen und speziell der arabischen Länder irreführend, weil es keine klassische Gewaltenteilung und demgemäß auch keine freie Öffentlichkeit gibt. Bei den derzeit 22 zur Arabischen Liga gehörenden Ländern handelt es sich bis auf ein bis zwei Ausnahmen um autoritäre Systeme mit monarchischen, patriarchalischen oder autokratischen Herrschaftsformen, in denen die Prinzipien der Menschenrechte und der Rechtsstaatlichkeit nur unvollkommen gewährleistet sind (vgl. die Dokumentation in *Frankfurter Allgemeine Zeitung* 2001). Diese Einschätzung gilt unabhängig davon, ob die Länder einem explizit islamischen oder einem säkularen Staatsverständnis verpflichtet sind. Die sich formal als demokratische Ordnungen verstehenden Systeme, wie z. B. das in Libyen praktizierte „Volksmassen-Demokratie-Modell", sind so wenig demokratisch wie es die früheren sozialistischen Volksdemokratien waren. Selbst in einem gemäßigten Land wie dem Libanon erfolgt die Teilhabe an der politischen Macht gemäß dem überkommenen fixen Religionsproporz. Die vorhandenen Parlamente sind Scheinparlamente, die nicht den wirklichen Volkswillen repräsentieren. Die wahren Herrscher sind individuelle oder dynastische Autokraten, die ihre politische Macht in Allianz mal mit dem Militär, mal mit religiösen Anführern und mit Stammesführern oder mal nur mit Hilfe eng verwandter Clans ausüben und über eine umfassende Geheimdienstkontrolle absichern. Diese Machtallianzen begünstigen die Bestrebungen nach wirtschaftlicher Bereicherung, nach Korruption und Willkürherrschaft und nach Unterdrückung oppositioneller Kräfte, deren Kehrseite die wirtschaftliche Ausbeutung und Destimulierung der großen Bevölkerungsmehrheit sind, die ihr Schicksal eher passiv hinnimmt. Als einzig aktive Oppositionskraft erweisen sich die Vertretern eines islamischen Fundamentalismus, die aber nicht demokratische und rechtsstaatliche Ideale, sondern vielmehr das theokratische Ideal der Urgemeinde auf ihre Fahnen geschrieben haben.

In der Sprache und im Verständnis der Ökonomen sind die islamischen Länder durchweg als rentensuchende Gesellschaften zu charakterisieren (vgl. z. B. *Nienhaus* 1997; *Beblawi* und *Luciani* 1987). Die Kategorie der Rentensuche steht für das Bestreben, mittels staatlicher Macht und Eingriffe in den Marktmechanismus partikulare Vorteile in Gestalt von leistungslosen Einkommen, Renten oder Geldtransfers zu Lasten anderer Gruppen zu erzielen. Eine Rente bezeichnet den Überschußertrag eines Gütereinsatzes gegenüber der nächst- oder zweitbesten Verwendung, als deren bevorzugtes

Bewertungskriterium wettbewerbliche Märkte und Preise, somit wettbewerblich erzielbare Einkommen und Gewinne dienen. Das rentensuchende Engagement ist demgemäß darauf gerichtet, den Wettbewerb zu vermeiden oder zu beschränken und privilegierte Machtpositionen oder Regelwerke zu erhalten, die dauerhafte Renten, also leistungslose Überschußerträge garantieren. Die bevorzugten Mittel dazu sind staatlich abgesicherte monopolistische Positionen und Rechte oder staatlich veranlaßte Eingriffe in den Markt mit der personen- oder gruppenbegünstigenden Festlegung von Leistungen und Gegenleistungen (Höchst- oder Mindestpreise) einschließlich konfiskatorischer Abschöpfungen der Leistungserträge sowie eine Fülle anderer willkürlicher machtbedingter Regulierungen und Einkommens- oder Vermögenstransfers (vgl. *Buchanan* 1980; *Leipold* 1997).

Die volkswirtschaftlichen Wohlfahrtsverluste in rentensuchenden Gesellschaften sind enorm und können hier nur angedeutet werden. Stichwortartig zu nennen sind:

- die Lähmung der ökonomischen Leistungsmotivation sowohl für die profitierenden und noch mehr für die benachteiligten Personen und Gruppen,
- die damit verbundene Demotivierung zur Teilung und Spezialisierung der Arbeit und zur Erzielung ehrlicher Tausch- und Leistungsgewinne,
- die Begünstigung der Ausbreitung informeller Tätigkeiten und Geschäfte mit einer begrenzten Zahl verläßlicher Transaktionspartner, was zugleich einen begrenzten Grad der Arbeitsteilung zur Folge hat,
- die Verschwendung knapper Mittel in volkswirtschaftlich unproduktiven Verwendungen, wie z. B. Zahlungen für die Erlangung politischer Ämter oder für die Gewinnung politischer Unterstützungen,
- der volkswirtschaftliche Verlust oder der Transfer von Konsumentenrenten im Gefolge staatlicher Preiseingriffe oder Monopolprivilegien,
- und nicht zuletzt die Untergrabung der Autorität des Staates, der Staatsverwaltung und der Justiz als unparteiische Schützer und Wahrer des Rechts.

Die wahrscheinlich für die marktwirtschaftliche Arbeitsteilung und Entwicklung gravierendste Wirkung der Rentensuche und der Korruption ist in dem sich ausbreitenden Mißtrauen der Bürger in die Verläßlichkeit des Staates und seiner Amtsträger zu vermuten. Rentensuche und Korruption wirken ansteckend. Sie tendieren wegen der machtbedingt erreichbaren Vorteile zur Imitation und breiten sich im Staats- und Rechtssystem krebsartig aus. Das Übel läßt sich weder durch temporäre politische Kampagnen noch durch moralische Appelle beseitigen, weil ja zuvorderst einflußreiche Personen oder Gruppierungen in Politik, Verwaltung und Justiz in zwielichtige Praktiken involviert sind und eine unabhängige Aufdeckung und Kontrolle verhindern können und wollen. Die sich ausbreitende Wahrnehmung über den Mißbrauch staatlicher Autorität verleitet selbst die davon betroffenen Menschen zu einer analogen Mißachtung der Gesetze.

Wie *Eucken* (1952, S. 31) bemerkt, war und ist der Hang zum Erwerb monopolistischer Positionen und zur Aneignung machtbedingter Einkommen überall und zu allen

Zeiten lebendig. Das Ausmaß der Rentensuche dürfte jedoch dort besonders groß sein, wo Religion, staatliche Herrschaft und Recht in enger Allianz stehen. Da diese Einheit in der Geschichte der islamischen Welt häufig der Fall war und bis heute gegeben ist, sollte es nicht überraschen, daß die systematische Rentensuche hier eine lange Tradition hat.

Nach *Simson* (1998, S. 162) entwickelte sich diese Tradition in der frühen formativen Phase des Islams, in der die Produktion die Sache der Unterworfenen war, deren Mehrprodukt die herrschenden Muslime als Krieger, Politiker, Verwalter und Gottesgelehrte abschöpften. Da die herrschende Schicht die Minderheit bildete, waren die Belastungen für die unterworfenen Produzenten noch vergleichsweise moderat. Die Vorteile der relativ einheitlichen Verwaltung des großen Herrschafts- und Wirtschaftsraumes überwogen die wirtschaftlichen Nachteile. Die Suche nach leistungslosen Renten wurde in dem Maße prekärer und erfolgloser, in dem die eroberten Völker die islamische Religion annahmen und formal zu gleichgestellten Gemeindemitgliedern wurden. Das Streben nach Renten blieb jedoch über die Zeit lebendig und wurde ein essentieller Bestandteil des islamischen Weltbildes. *Jones* (1991, S. 212 ff.) bezeichnet den osmanischen Staat und ähnlich auch das indische Mogulreich als „Plünderungsmaschinen", deren Herrscher die Erträge der produktiven Kräfte in Landwirtschaft, Handwerk und Handel rücksichtslos beschlagnahmten und deren Eigentumsrechte vorsätzlich mißachteten. Es ließen sich weitere historische Beispiele für die Ausbeutung der Wirtschaft und die geringe Wertschätzung, ja Ablehnung der ehrlichen und produktiven Wirtschaftsleistung anführen (vgl. *Hodgson* 1974, S. 137 f.; *Landes* 1999, S. 404 ff.; *Nienhaus* 1997, S. 96 ff.).

Wichtiger als historische Details ist die Tatsache, daß sich die Idee der Rentensuche im Laufe der Jahrhunderte im islamischen Weltbild verfestigt hat, dessen Grundstruktur von den gottgefälligen Ordnungsidealen der heroischen Frühgeschichte geprägt ist. Dessen ökonomische Wirkungen bringt *Simson* (1998, S. 163) wie folgt auf den Punkt: „In einer Gesellschaft wie der islamischen kreist das Denken in erster Linie um die Frage, wie man Mitglied (oder wenigstens: Gehilfe) der Minderheit, die das Sozialprodukt nicht erzeugt, sondern verteilt, werden (bzw. bleiben) kann. Chancen werden also in erster Linie im herrschaftsnahen Bereich wahrgenommen, dann auch allgemein im tertiären Sektor (Handel, Spekulation), der *aus dieser Sicht* den Vorteil hat, von der Produktion, die ja Sache der Unterworfenen ist, weit genug entfernt zu sein." Allein die Erfahrung der Bevölkerungsmehrheiten, daß der Zugang zu rententrächtigen Positionen im staatlichen Bereich limitiert ist, schürt das Mißtrauen gegenüber den wenigen und privilegierten Amtsinhabern, von denen eine willkürliche Amtsführung als Normalverhalten erwartet bzw. befürchtet wird. In dem Maße, in dem das Vertrauen in den Staat und dessen Führer und Verwalter schwindet, wird die Bedeutung tribaler und verwandtschaftlicher Netzwerke aufgewertet, weil sie alltäglich als die verläßlichsten Vertrauens-, Solidar- und Transaktionsgemeinschaften erlebt werden.

Damit schließt sich der Wirkungszusammenhang zwischen den institutionellen Bedingungen und der wirtschaftlichen Entwicklung im Islam. Die bisherigen Befunde lassen sich zu dem folgenden Fazit verdichten: Weil das Vertrauen der Bevölkerungsmehrheiten in Staat und Recht gering ist und weil die Regierungen und die staatlichen

Bürokratien mangels einer klaren Gewaltenteilung und mangels einer freien zivilgesellschaftlichen Öffentlichkeit nur unzulänglich kontrolliert werden, ist der Grad des Vertrauens der Individuen als Wirtschaftsakteure in die Verläßlichkeit von Staat und Recht und – dadurch mitverursacht – auch in die Verläßlichkeit der Geschäfts- und Tauschpartner niedrig zu veranschlagen, wodurch der Grad der Arbeitsteilung und Spezialisierung und damit letztlich die wirtschaftliche Entwicklung begrenzt werden. Die kausalen Bedingungen und die Wirkungskanäle zwischen dem Grad des gesellschaftlichen Regelvertrauens und dem Grad der davon abhängigen marktwirtschaftlichen Arbeitsteilung und Entwicklung sind in diesem Beitrag als bekannt vorausgesetzt und deshalb auch nur ansatzweise erläutert worden.

Das primäre Erkenntnisinteresse war darauf gerichtet, die Eigenarten und sozioökonomischen Wirkungen eines Regelwerkes zu bestimmen, dessen zentraler Stützpfeiler die religiös gebundenen Institutionen bildet. Die islamische Welt eignet sich deshalb als paradigmatisches Untersuchungsobjekt für die Analyse dominant religiös gebundener Gesellschaften und deren Institutionengefüge. Wie kaum eine andere Religion zeichnet sich der Islam durch den Anspruch aus, eine alle Lebensbereiche umfassende und verbindliche, weil gottgewollte Ordnung des menschlichen Zusammenlebens vorzugeben. Darin kann für die einen seine Stärke, für die anderen seine Schwäche gesehen werden. Der Wahrheitsgehalt der religiösen Botschaft läßt sich nur durch den Glauben erschließen und entzieht sich einer wissenschaftlichen Klärung. In dieser Studie ging es darum, Stellung zu einigen in der sozialwissenschaftlichen und speziell ökonomischen Islamforschung umstrittenen Auffassungen über die Irrelevanz oder Relevanz des Islams für die institutionelle und wirtschaftliche Entwicklung zu beziehen.

Unsere Analyse der Genese und der Wirkungen des Institutionengefüges als Ganzheit bestätigt die These von der entwicklungshinderlichen Relevanz des Islams. Der im Zuge der frühen theologischen, rechtlichen und politischen Auseinandersetzungen erfolgte Ausbau des Glaubens zur eigentlichen Festung und Stütze der islamischen Ordnung hat zur Verfestigung, ja Erstarrung des Denkens beigetragen und die produktive Nutzung konkurrierender säkularer Überzeugungen sowie den freien Gebrauch der Vernunft gehemmt. Indem das Tor für das Aufkommen konkurrierender Meinungen und Theorien entweder verschlossen oder temporär nur einen Spalt weit geöffnet blieb, wurden zugleich auch der Aufbau und die Entwicklung ideologisch gebundener und rechtlicher Regelwerke behindert: Statt dessen konnten emotional-tribal gebundene Regelwerke durch das offene Hintertor der islamischen Glaubensfestung ihre Geltung behalten.

Da plurale Überzeugungen und Vernunft Schattengewächse des Glaubens blieben, konnte sich auch keine autonome gesellschaftliche und keine verläßliche rechtsstaatliche Sphäre entfalten, ohne die es jedoch auch keine erfolgreiche wirtschaftliche Entwicklung geben kann und in Zukunft geben wird.

Literatur

Arkoun, M. (2001), Religion und Demokratie: Das Beispiel Islam, in: *Heller, E.* und *Mosbahi, H.* (Hg.), Islam, Demokratie, Moderne: Aktuelle Antworten arabischer Denker, 2. Aufl., München, S. 138-153.

Barakat, H. (2001), Glaube und Herrschaft in der arabischen Gesellschaft von heute: eine Analyse, in: *Heller, E.* und *Mosbahi, H.* (Hg.), Islam, Demokratie, Moderne: Aktuelle Antworten arabischer Denker, 2. Aufl., München, S. 110-129.

Beblawi, H. und *Luciani, G.* (1987), The Rentier State: Nation, State and Integration in the Arab World, London.

Bobzin, H. (2000), Mohammed, München.

Buchanan, J. M. (1980), Rent Seeking and Profit Seeking, in: *Buchanan, J. M., Tollison, R. D.* und *Tullock, G.* (eds.), Toward a Theory of the Rent-Seeking Society, College Station, S. 3-15.

Büttner, F. (Hg.) (1971), Reform und Revolution in der islamischen Welt: Von der osmanischen Imperialdoktrin zum arabischen Sozialismus, München.

Chabal, P. und *Daloz, J.-P.* (1999), Africa Works: Disorder as Political Instrument, Oxford.

Chapra, M. U. (2000), The Future of Economics – An Islamic Perspective, Markfield.

Eliade, M. (1983), Geschichte der religiösen Ideen, Bd. III./1: Von Mohammed bis zum Beginn der Neuzeit, Freiburg, Basel und Wien.

Endreß, G. (1997), Der Islam: Eine Einführung in seine Geschichte, 3. überarb. Aufl., München.

Eucken, W. (1952), Grundsätze der Wirtschaftspolitik, Bern und Tübingen.

Frankfurter Allgemeine Zeitung (2001), Schwerer Stand. Menschenrechte werden überall verletzt, aber in der islamischen Welt besonders eklatant, Nr. 267 vom 16.11.2001, S. 8-9.

Gellner, E. (1995), Bedingungen der Freiheit, Stuttgart.

Ghaussy, A.G. (1986), Das Wirtschaftsdenken im Islam: Von der orthodoxen Lehre bis zu den heutigen Ordnungsvorstellungen, Bern und Stuttgart.

Greif, A. (1994), Cultural Beliefs and the Organization of Society: A Historical and Theoretical Reflection on Collectivist and Individualistic Societies, in: Journal of Political Economy, Vol. 102, S. 912-950.

Grunebaum, G. E. von (1986), Der Islam, in: Propyläen Weltgeschichte, 5. Bd., Frankfurt a. M., S. 23–179.

Haarman, U. (Hg.) (1994), Geschichte der arabischen Welt, 3. erw. Aufl., München.

Hall, J. A. (1985), Powers and Liberties: The Causes and Consequences of the Rise of the West, Berkeley.

Halm, H. (1994), Der schiitische Islam: Von der Religion zur Revolution, München.

Halm, H. (2000), Der Islam: Geschichte und Gegenwart, München.

Hayek, F. A. von (1979), Die drei Quellen der menschlichen Werte, Walter Eucken Institut, Vorträge und Aufsätze, 70, Tübingen.

Hayek, F. A. von (1981), Recht, Gesetzgebung und Freiheit, Bd. 2: Die Illusion der sozialen Gerechtigkeit, Landsberg am Lech.

Hodgson, M. G. S. (1974), The Venture of Islam, 2 Vol., Chicago.

Huntington, S. P. (1996), Der Kampf der Kulturen (The Clash of Civilization): Die Neugestaltung der Weltpolitik im 21. Jahrhundert, München und Wien.

Jones, E.L. (1991), Das Wunder Europa: Umwelt, Wirtschaft und Geopolitik in der Geschichte Europas und Asien, Tübingen.

Khoury, Ph. und *Kostiner, J.*, (1990), Tribes and State Formation in the Middle East, Berkeley.

Klingmüller, E. (1980), Entstehung und Wandel rechtlicher Traditionen im islamischen Recht, in: *Fikentscher, W., Franke, H.* und *Köhler, O.* (Hg.), Entstehung und Wandel rechtlicher Traditionen, Freiburg i. Br. und München, S. 375-414.

Kocka, J. (2000), Zivilgesellschaft als historisches Problem und Versprechen, in: *Hildermeier, M, Kocka, J.* und *Conrad, Chr.* (Hg.), Europäische Zivilgesellschaft in Ost und West, Frankfurt und New York, S. 13-39.

Kohl, K.-H. (1993), Ethnologie – die Wissenschaft vom kulturell Fremden, München.

Kuran, T. (1997), Islam and Underdevelopment: An Old Puzzle Revisited, in: Journal of Institutional and Theoretical Economics, Vol. 153, S. 41-75.

Landes, D. S. (1999), Wohlstand und Armut der Nationen: Warum die einen reich und die anderen arm sind, Berlin.

Lapidus, J. M. (1988), A History of Islamic Societies, Cambridge/Mass.

Leipold, H. (1996), Zur Pfadabhängigkeit der institutionellen Entwicklung: Erklärungsansätze des Wandels von Ordnungen, in: *Cassel, D.* (Hg.), Entstehung und Wettbewerb von Systemen, Berlin, S. 93-115.

Leipold, H. (1997), Institutionelle Ursachen der wirtschaftlichen Unterentwicklung in Schwarzafrika, in: *Paraskewopoulos, S.* (Hg.), Wirtschaftsordnung und wirtschaftliche Entwicklung, Stuttgart, S. 415-443.

Leipold, H. (1998), Die große Autonomie der Nationalökonomie: Versuch einer Standortbestimmung, in: ORDO, Bd. 49, S. 15-42.

Leipold, H. (1999), Institutionenbildung in der Transformation, in: *Höhmann, H.-H.* (Hg.), Spontaner oder gestalteter Prozeß? Die Rolle des Staates in der Wirtschaftstransformation osteuropäischer Länder, Baden-Baden, S. 133-151.

Leipold, H. (2000), Informale und formale Institutionen: Typologische und kulturspezifische Relationen, in: *Leipold, H.* und *Pies, I.* (Hg.), Ordnungstheorie und Ordnungspolitik. Konzeptionen und Entwicklungsperspektiven, Stuttgart, S. 401-428.

Leipold, H. (2002), Kulturspezifische Zusammenhänge zwischen der gesellschaftlichen Regelteilung und der wirtschaftlichen Arbeitsteilung, erscheint in: *Eger, Th.* (Hg.), Kulturelle Prägung, Entstehung und Wandel von Institutionen, Berlin.

Lewis, B. (1993), Islam in History: Ideas, People, and Events in the Middle East, 2. ed., Chicago.

Lipson, O. (1993, The Ethical Crises of Civilization: Moral Meltdown or Advance?, London.

Maine, H. S. (1997), Das alte Recht: sein Zusammenhang mit der Frühgeschichte der Gesellschaft und sein Verhältnis zu modernen Ideen, Baden-Baden.

Nagel, T. (1981), Staat und Glaubensgemeinschaft im Islam: Geschichte der Politischen Ordnungsvorstellungen der Muslime, Bd. II., Zürich und München.

Nagel, T. (1988), Die Festung des Glaubens: Triumph und Scheitern des islamischen Rationalismus im 11. Jahrhundert, München.

Nagel, T. (1994), Geschichte der islamischen Theologie: Von Mohammed bis zur Gegenwart, München.

Nienhaus, V. (1982), Islam und moderne Wirtschaft, Graz, Wien und Köln.

Nienhaus, V. (1985), Islam und moderne Wirtschaft: Einige Anmerkungen zu Theorie und Praxis, in: Zeitschrift für Kulturaustausch, 35. Jg., 4. Vj., S. 481-490.

Nienhaus, V. (1997), Wirtschaftsordnung und wirtschaftliche Entwicklung: Islamische Religion und Tradition als Ursache wirtschaftlicher Unterentwicklung? In: *Paraskewopoulos, S.* (Hg.), Wirtschaftsordnung und wirtschaftliche Entwicklung, Stuttgart, S. 361-376.

Nienhaus, V. (1999), Kultur und Wirtschaftsstil: Erklärungsansätze für die Systemdynamik und Systemeffizienz in Entwicklungsländern, in: *Cassel, D.* (Hg.), Perspektiven der Systemforschung, Berlin, S. 89-113.

North, D. C. (1992), Institutionen, institutioneller Wandel und Wirtschaftsleistung, Tübingen.

Noth, A. (1980), Die Scharia, das religiöse Gesetz des Islam: Wandlungsmöglichkeiten, Anwendung und Wirkung, in: *Fikentscher, W., Franke, H.* und *Köhler, O.* (Hg.), Entstehung und Wandel rechtlicher Traditionen, Freiburg i. Br. und München, S. 415-437.

Panther, S. (1998), Historisches Erbe und Transformation: „Lateinische" Gewinner – „Orthodoxe" Verlierer?, in: *Wegener, G.* und *Wieland, J.* (Hg.), Formelle und informelle Institutionen: Genese, Interaktion und Wandel, Marburg, S. 211-251.

Panther, S. (2001, Kulturelle Faktoren in der Transformation Osteuropas, unveröff. Manuskript, Kassel.

Paret, R. (1975), Der Koran, Darmstadt.

Pryor, F. L. (1985), The Islamic Economic System, in: Journal of Comparative Economics, Vol. 9, S. 197-223.

Raddatz, H.-P. (2001), Von Gott zu Allah? Christentum und Islam in der liberalen Fortschrittsgesellschaft, München.

Robinson, F. (1987), Säkularisierung im Islam, in: *Schluchter, W.,* (Hg.) Max Webers Sicht des Islams, Frankfurt a.M., S. 256-271.

Rodinson, M. (1986), Islam und Kapitalismus, Frankfurt a.M.

Röhrich, W. (1999), Die politischen Systeme der Welt, München.

Saeed, A. (1996), Islamic Banking and Interest: A Study of Prohibition of Riba and its Contemporary Interpretation, Leiden.

Schacht, J. (1964), An Introduction to Islamic Law, Oxford.

Schimank, U. (1996), Theorien gesellschaftlicher Differenzierung, Opladen.

Schimmel, A. (1995), Die Zeichen Gottes: Die religiöse Welt des Islam, München.

Schwinn, Th. (1995), Funktionale Differenzierung – wohin? Eine aktualisierte Bestandsaufnahme, in: Berliner Journal für Soziologie, H. 1, S. 25-39.

Senghaas, D. (1998), Zivilisierung wider Willen: Der Konflikt der Kulturen mit sich selbst, Frankfurt a. M.

Siddiqui, M.N. (1972), The Economic Enterprise in Islam, Lahore.

Simson, U. (1998), Kultur und Entwicklung, Studien zur kulturellen Dimension der nachholenden wirtschaftlichen Entwicklung und der Entwicklungspolitik, Zürich.

Smith, A. (1984), Der Wohlstand der Nationen: Eine Untersuchung seiner Natur und seiner Ursachen, München.

Tibi, B. (1980), Islam and Secularization: Religion and Functional Differentiation of the Social System, in: Archiv für Rechts- und Sozialphilosophie, Bd. LXVI/2, S. 207-222.

Tibi, B. (1995), Krieg der Zivilisationen: Politik und Religion zwischen Vernunft und Fundamentalismus, Hamburg.

Tibi, B. (2000), Secularization and De-Secularization in Modern Islam, in: Religion, Staat, Gesellschaft, Zeitschrift für Glaubensformen und Weltanschauungen, H. 1, S. 95-118.

Wagener, H.-J. (2001), Warum hat Russland den Zug verpasst?, in: Leviathan, Zeitschrift für Sozialwissenschaft, 29. Jg., H. 1, S. 110-140.

Watt, W. M. (1956), Mohammed at Medina, Oxford.

Weber, M. (1920), Die protestantische Ethik und der Geist des Kapitalismus, in: *Max Weber*, Gesammelte Aufsätze zur Religionssoziologie, 1. Bd., Tübingen, S. 17-206.

Weber, M. (1924), Wirtschaftsgeschichte, 2. Aufl., München und Leipzig.

Weber, M. (1976), Wirtschaft und Gesellschaft, 5. rev. Aufl., Tübingen.

Weber, M. (1991), Die Wirtschaftsethik der Weltreligionen: Konfuzianismus und Taoismus, Tübingen.

Weede, E. (2000), Asien und der Westen: Politische und kulturelle Determinanten der wirtschaftlichen Entwicklung, Baden-Baden.

Weingast, B. (1993), Constitutions as Governance Structures: The Political Foundation of Secure Markets, in: Journal of Institutional and Theoretical Economics, Vol. 149, S. 286-311.

Weltbank (2000), World Development Report 2000/2001: Attacking Poverty, New York.

Williamson, O.E. (1990), Die ökonomischen Institutionen des Kapitalismus, Tübingen.

Anhang: Ausgewählte Indikatoren für islamische Länder

Land	Bevölkerung (Mio.)	BIP/Kopf (USD)	Exporte (Mrd. USD)	davon Hauptexportgüter/ Bodenschätze/Öl
Afganistan	22,47	800	0,15	
Ägypten	69,10	3.420	5,20	45,4%
Algerien	30,84	5.063	13,80	57,2%
Aserbajdschan	8,10	2.175	1,03	78,7%
Bangladesch	140,37	1.483	5,46	75,7% Bekleidung
Guinea	8,27	1.934		
Indonesien	214,84	2.857	51,24	25,8%
Irak	23,59	3.197	12,70	99,0%
Iran	62,75	5.531	19,73	82,5%
Jemen	19,11	806	2,48	94,3%
Jordanien	5,05	3.955	1,83	33,5% chem. Erz.
Kasachstan	16,06	4.951	5,99	75,4% Metalle/Metallwaren
Kuweit	1,97	25.314		
Kirgisien	4,99	2.573	0,46	47,8% Metalle
Libanon	3,56	4.326	0,98	26,1% Papier
Libyen	5,41	6.697	7,28	94,8%
Malaysia	22,63	8.209	84,05	62,3% Maschinen/Tans.
Mali	11,70	753		
Marokko	30,43	3.419	7,51	33,6% Nahrung/Tabak
Mauretanien	2,75	1.609		
Niger	11,23	753		
Oman	2,60	9.960		
Pakistan	144,97	1.834	8,57	74,4% Textilien
Saudi Arabien	21,03	10.815	78,97	93,1%
Senegal	9,70	1.419		
Somalia	9,16	600		
Sudan	31,81	1.394	1,80	36,8% landw. Prod
Syrien	16,61	4.454	3,81	62,9%
Tadschikistan	6,14	1.041	0,63	52,7% Metalle
Tunesien	9,56	5.957	5,87	41,3% Textilien
Türkei	67,62	6.800	29,33	55,4% ind. Vorprod./Masch.
Turkmenistan	4,84	3.347	0,61	54,7%
Usbekistan	25,26	2.251	2,89	63% Textilien
V.E.A.	2,58	17.719	34,20	78,0%
zum Vergleich				
USA	281,42	36.000	773,30	45,7% Maschinen/Anlagen
Deutschland	82,18	24.900	562,30	51,3% Maschinen/Trans.
Japan	127,33	25.600	403,69	68,9% Maschinen/Trans.

Quelle: http://www.spiegel.de/almanach

Studien zur Ordnungsökonomik

Lucius&Lucius Verlags-GmbH, Stuttgart

(bis Nr. 21: „Arbeitsberichte zum Systemvergleich")

Herausgegeben von **Alfred Schüller**

Die *Forschungsstelle zum Vergleich wirtschaftlicher Lenkungssysteme der Philipps-Universität Marburg* hat seit 1982 in ihren „Arbeitsberichten zum Systemvergleich" aktuelle ordnungstheoretische und ordnungspolitische Forschungsergebnisse veröffentlicht. Seit 1994 werden diese Arbeitsberichte von der neu gegründeten *Marburger Gesellschaft für Ordnungsfragen der Wirtschaft e.V. (MGOW)* herausgegeben.
Ab Heft 22 erscheint die Reihe unter dem Titel „Studien zur Ordnungsökonomik" im Verlag Lucius & Lucius, Stuttgart.

Lieferbare Titel:

Studie 27 · *Helmut Leipold*, **Islam, institutioneller Wandel und wirtschaftliche Entwicklung**, 2001, 44 S., 28,00 DM, ISBN 3-8282-0206-3.

Studie 26 · *Thomas Döring* und *Dieter Stahl*, **Institutionenökonomische Aspkete der Neuordnung des bundesstaatlichen Finanzausgleichs:** Anmerkungen zum Urteil des Bundesverfassungsgerichts über ein „Maßstäbegesetz" für den Länderfinanzausgleich, 2000, 47 S., 28,00 DM, ISBN 3-8282-0157-1.

Studie 25 · *Gerrit Fey*, **Unternehmenskontrolle und Kapitalmarkt:** Die Aktienrechtsreformen von 1965 und 1998 im Vergleich, 2000, 83 S., 29,50 DM, ISBN 3-8282-0140-7.

Studie 24 · *Ludger Wößmann*, **Dynamische Raumwirtschaftstheorie und EU-Regionalpolitik:** Zur Ordnungsbedingtheit räumlichen Wirtschaftens, 1999, 105 S., 29,80 DM, ISBN 3-8282-0124-5.

Studie 23 · *Ralf L. Weber* †, **Währungs- und Finanzkrisen:** Lehren für Mittel- und Osteuropa? 1999, 42 S., 28,-- DM, ISBN 3-8282-0112-1.

Studie 22 · *Alfred Schüller / Christian Watrin*, **Wirtschaftliche Systemforschung und Ordnungspolitik:** 40 Jahre Forschungsstelle zum Vergleich wirtschaftlicher Lenkungssysteme der Philipps-Universität Marburg, 54 S., 19,80 DM, ISBN 3-8282-0111-3.

 Lucius & Lucius, Stuttgart

Schriften zu Ordnungsfragen der Wirtschaft

Lucius&Lucius Verlags-GmbH, Stuttgart, ISSN 1432-9220

(bis Band 51: „Schriften zum Vergleich von Wirtschaftsordnungen")

Herausgegeben von
Gernot Gutmann, Hannelore Hamel, Helmut Leipold, Alfred Schüller, H. Jörg Thieme

unter Mitwirkung von
Dieter Cassel, Hans-Günter Krüsselberg, Karl-Hans Hartwig, Ulrich Wagner

Band 67: *Dietrich v. Delhaes-Guenther, Karl-Hans Hartwig* und *Uwe Vollmer* (Hg.)
Monetäre Institutionenökonomik, 2001, 400 S., 69 DM, ISBN 3-8282-0194-6.

Band 66: *Dirck Süß*
Privatisierung und öffentliche Finanzen: Zur Politischen Ökonomie der Transformation, 2001, 236 S., 62 DM, ISBN 3-8282-0193-8.

Band 65: *Yvonne Kollmeier*
Soziale Mindeststandards in der Europäischen Union im Spannungsfeld von Ökonomie und Politik, 2001, 158 S., 58 DM, ISBN 3-8282-0179-2.

Band 64: *Helmut Leipold* und *Ingo Pies (Hg.)*
Ordnungstheorie und Ordnungspolitik: Konzeptionen und Entwicklungsperspektiven, 2000, 456 S., 78 DM, ISBN 3-8282-0145-8.

Band 63: *Bertram Wiest*
Systemtransformation als evolutorischer Prozeß: Wirkungen des Handels auf den Produktionsaufbau am Beispiel der Baltischen Staaten, 2000, 266 S., 64 DM, ISBN 3-8282-0144-X.

Band 62: *Rebecca Strätling*
Die Aktiengesellschaft in Großbritannien im Wandel der Wirtschaftspolitik: Ein Beitrag zur Pfadabhängigkeit der Unternehmensordnung, 2000, 270 S., 58 DM, ISBN 3-8282-0128-8.

Band 61: *Carsten Schittek*
Ordnungsstrukturen im europäischen Integrationsprozeß: Ihre Entwicklung bis zum Vertrag von Maastricht, 1999, 409 S., 74 DM, ISBN 3-8282-0108-3.

Band 60: *Peter Engelhard* und *Heiko Geue* (Hg.)
Theorie der Ordnungen: Lehren für das 21. Jahrhundert, 1999, 369 S., 69 DM, ISBN 3-8282-0107-5.

Bei Fragen zur Produktsicherheit wenden Sie sich bitte an:
If you have any questions regarding product safety,
please contact:

Walter de Gruyter GmbH
Genthiner Straße 13
10785 Berlin
productsafety@degruyterbrill.com